예수님의 부흥운동 방법:

말씀+표적⇒하나님 나라 확장

예수님의 부흥운동 방법: 말씀+표적⇒하나님나라 확장

1판 1쇄 발행 | 2019년 05월 15일

저   자 | 예영수
발 행 인 | 예영수
발 행 처 | 엠북스
출판등록 | 2008년 10월 1일

주   소 | 448-533 경기도 용인시 수지구 신봉2로 26, 108-504
전   화 | 031) 263-6511, 010-5474-6591
팩   스 | 031) 266-0810

값 12,000원

ISBN 978-89-97883-21-9 03230

[한국 교회의 부흥을 위해]

예수님의 부흥운동 방법:
말씀+표적⇒하나님 나라 확장

예영수 박사
Ph. D.(영문학), Th. D.(신학), SEd. D.(교육학)

엠북스

세속화되는 교회가
표적으로 말씀이 증언되고 하나님의 나라가 확장되기를

성기호 박사
전 성결대학교 총장, 한인디아스포라 선교연구소 소장

영문학자이시며 신학자이신 예영수 박사님의 글을 대하면 언제나 신선함과 깨달음을 얻게 됩니다. 이번에 출간하신 『예수님의 부흥운동 방법: 말씀+표적⇒ 하나님 나라 확장』은 성경을 중심한 말씀의 선포와 성령의 권능으로 나타나는 여러 가지 표적으로 말씀이 증언되고 하나님의 나라가 확장된 것을 망라하고 있습니다. 복음서에 나타난 예수님의 사역과 사도행전에 기록된 사도들의 활동, 그리고 교회 역사상 큰 부흥운동이 있던 때에 쓰임 받았던 일꾼들의 활약상을 소개하며 그 공통점이 말씀+표적⇒ 하나님 나라 확장으로 나타난다는 것을 밝히고 있습니다.

얼핏 보면 말씀보다 표적을 더 강조하는 것처럼 보이지만 저자는 표적(기사)은 말씀을 증언하기 위한 것이고 구원은 말씀에 있다는 것을 강조하고 있습니다. 또한 말씀 사역과 능력 사역을 위해서는 성령의 기름 부음을 받아야 한다고 말함으로 하나님의 일은 인간적인 힘이나 능력으로 되는 것이 아니라 하나님의 신(성령)으로 된다는 것을 분명히 하고 있습니다(슥 4:6). 말씀보다 체험만 찾는 갱생운동은 머지않아 없어질 것이라며 말씀 중심, 성령의 역사하심에 우선순위를 두고 있습니다.

오늘날 무기력해지고 세속화되는 교회를 향해 성경을 기초로 한 말씀 선포와 성령의 능력을 강조하는 이 책은 목양의 책임과 교회 부흥을 이끌어야 할 교회 지도자들에게 격려와 도전이 될 것입니다.

이 저서를 통하여
한국교회가 계시종결론과 은사중지론을 딛고 일어나
부흥의 바람을 탈 수 있게 되기를 소망한다

나용화 박사

전 개신대학원대학교 총장

한국의 보수적인 복음주의 교회의 문제점은 신학 강단과 목회 현장에서 가르쳐지고 선포되는 것이 다른 데 있다. 신학 강단에서는 성령의 은사 (예: 방언, 축사, 치유, 예언 등)가 사도시대 이후 이제는 없다고 가르친다. 이에 반하여, 강단에서는 성령의 은사를 사모하라고 가르치고, 방언도 하고, 악령을 쫓아내며, 말씀과 기도로 예수님의 이름으로 병을 치유하고, 예언도 한다. 목사들은 신학 강단에서 배운 대로 하지 않는다. 그래서 목회 현장에서 갈등을 그들은 느낀다.

이 같은 문제점은 성경이 정경으로 완성됨으로 말미암아 하나님의 특별계시가 종결되었고(계시종결론), 이 계시가 하나님의 말씀인 것을 확증하는 성령의 은사가 더 이상 필요 없게 되었다(은사 중지론)는 신학 강단에서의 가르침에서 기인하였다.

그런데, 예영수 박사님께서는 이 같은 목회 현장의 갈등을 깨끗하게 해소시키려고 『예수님의 부흥운동 방법』을 저술해내셨다. 내용면에서 예수님의 부흥운동 방법에 관한 성경의 자료에 국한했기에, 저술의 의도가 분명하게 드러나 있어서 독자들에게 감동을 주는 데는 더 효과적이고 충분하다. 예 박사님의 이 저서를 통하여 한국교회가 계시종결론과 은사중지론을 딛고 일어나 부흥의 바람을 탈 수 있게 되기를 소망한다.

한국교회에
부흥의 불길을 붙이는 부싯돌이 되기를!

도한호 박사
조직신학, 전 침신대 총장

예영수 박사는 알다시피 영문학과 신학, 두 분야에서 최고 학위를 취득한 큰 학자이며 목사입니다. 저자가 이번에 펴내는 『예수님의 부흥운동 방법: 말씀+표적⇒하나님 나라 확장』에서는 예수님께서 제자들을 가르치시고 명하신 하나님 나라의 확장 방법이 본문 중심으로 힘 있게 서술했습니다.

이 책은, 제1부는 예수님의 하나님 나라 확장 방법, 제2부는 사도들의 모범 사례, 그리고 제3부는 존 웨슬리, 찰즈 피니, 데니스 베네트, 김익두 목사 등 기독교 선교와 부흥의 한 시대를 담당한 신앙의 선진들의 활동과 사례를 성경 본문과 교회사를 중심으로 연구했습니다.

이 책의 특징적인 장점은 말씀 선포가 있는 곳에 표적이 함께 함으로서 말씀을 주신 이가 하나님이시라는 사실과 사도들이 하나님으로부터 보냄 받은 이들이라는 사실을 분명히 했다는 점입니다. 이 책이 침체기를 맞은 한국교회에 신선한 부흥의 불길을 붙이는 부싯돌이 될 것을 믿고 추천하는 바입니다.

이 땅에 하나님 나라가 확장되게 하는
영적인 통찰력과 지혜의 말씀

주홍근 박사

예장 서울남노회장, 바울성경연구원 원장

오늘날 한국교회의 얼굴은 먹구름이 드리운 듯이 행복하지도 않고, 마치 흥을 잃은 잔치 집 같다고나 할까… 침 이러한 그늘에 앉은 집에 새로운 포도주를 빚어내어, 다시금 신랑과 신부의 얼굴에 기쁨을 솟아나게 하고, 잔칫집 손님들에게 웃음과 행복을 선물한 예수님의 구원사역의 비밀을 예영수 박사님께서 '예수님의 부흥운동 방법'이란 제하의 책을 출간하시게 되었으니, 흥을 잃게 된 잔치 집 같은 한국교회는 기쁜 소식이 아닐 수 없다.

한국 교회에 부흥이 절실히 필요한 때에 예영수 박사님의 영적인 통찰력과 지혜의 말씀은 우리의 내면을 한층 더 밝게 비추인다. 독자들이 이 책을 읽어가는 동안에 예수님의 복음 사역이 제 자리를 찾게 되고, 사도들이 받은 기름부음과 성령의 능력과 은사들이 활성화되어서, 사도들이 본을 보여준 부흥의 실체가 오늘날 우리들 교회의 뼈대가 되리라 믿는다. 이 책이 우리 땅과 목회지 전역에 퍼져나가면 나갈수록 성령의 열매도 주렁주렁 맺히게 되고, 하나님 나라가 확장되어서, 교회 교회마다 웃음소리가 나는 잔칫집 같이 될 것이란 믿음이 드는 것은 의심의 여지가 없기에 이 책을 목회자와 성도들 모두에게 추천하고자 한다.

목 차

제2장 사도행전의 제자들의 하나님 나라 확장(교회성장) 방법:
"말씀선포+표적을 통한 말씀 증언⇒하나님 나라 확장"

제3장 교회사에서 목회자들의 하나님 나라 확장(부흥운동) 방법:
"말씀선포+표적을 통한 말씀 증언⇒하나님 나라 확장"

시작하는 말

연구의 내용과 목적

오늘날 한국교회의 성장 둔화와 일반 사회에서의 한국 교회에 대한 부정적인 이미지 때문에 한국 교회가 심각할 정도의 어려움에 직면하고 있음은 우리 모두가 인지하는 사실이다. 본 저자는 현실의 긴박한 도전(challenge)에 어떻게 응답(response)함으로써 현실의 심각한 난관을 극복하고, 한국 교회가 부흥운동을 통한 이 땅의 하나님 나라 확장을 이룩함으로서 우리의 교회와 나라에 새로운 희망을 줄 수 있느냐를 진지하게 생각하게 되었다.

그 결과, 본 저자는 4복음서에서 예수님께서 사용하시고 제자들에게 위탁의 말씀으로 주신 이 땅의 하나님 나리 확장(교회 성장) 방법을 연구하고, 제자들이 사도행전에서 예수님께서 위탁하신 방법으로 이 땅에 하나님 나라 확장을 이룩하신 것과, 그리고 교회사에서 하나님의 사람들이 예수님의 방법으로 부흥운동을 통해서 이 땅에 하나님 나라를 확장하게 된 것을 다음과 같이 연구하게 되었다.

첫째, 예수님께서 4복음서에서 "뜻이 하늘에서 이루어진 것같이 땅에서도 이루어지게" 하시려고 사역하실 때 사용하신 "말씀 선포+표적(기적)으로 말씀 증언⇒하나님 나라 확장"의 방법(모형)을 연구하고,

둘째, 제자들(사도들)이 예수님께서 위탁하신 "말씀 선포+표적으로 말씀 증언⇒하나님 나라 확장"의 방법으로 사도행전에서 사역한 내용을 연구하고,

셋째, 교회사에서 하나님의 사람들(목회자들)이, 예수님께서 위탁하시고, 사도들이 사용하신 방법(패턴)으로 이 땅에서 어떻게 하나님 나라를 확장하고 왔는지의 내용을 연구하는 데 그 목적이 있다.

오늘을 사는 우리가 "뜻이 하늘에서 이루어진 것 같이 이 땅에서도 이루어지게" 하기 위하여, 예수님께서 사용하시고, 예수님의 위탁의 말씀으로 제자들이 사용하고, 교회사에서 하나님의 사람들(목회자들)이 사용한 방법(모형)을 우리도 사용함으로써 이 땅에 하나님 나라를 확장(교회 성장)하려는 것이다.

구약에서 시리아의 나아만 장군의 경우(왕하 5:1-17)와 사르밧 과부의 경우(왕상 17:9-24)를 보면, 나아만 장군은 엘리사의 말씀에 따라 요단강에서 7번 씻은 결과 자신의 문둥병이 치료되는 표적을 통해 이스라엘의 하나님을 믿게 되고, 사르밧 과부는 엘리야의 기도를 통해 자기의 죽은 아들이 살아나는 표적을 체험함으로써 엘리야의 입에 있는 하나님의 말씀을 믿게 되는 구원의 역사가 일어났다.

문둥병을 치유 받은 나아만 장군은 엘리사에게로 돌아와서 다음과 같이 말했다.

이제야 나는 온 세계에서 이스라엘밖에는 하나님이 계시지 않다는 것을 알게 되었습니다… 이제부터 주님 이외에 다른 신들에게는 번제나 희생제를 드리지 않겠습니다(왕하 5:15, 17)(표준새번역)

나아만은 엘리사를 통해서 자신의 문둥병이 요단강에서 치료되는 표적으로 이스라엘의 하나님이 살아계심을 믿게 되고, 나아만을 통해 시리아에 하나님 나라가 확장되었다.

엘리야가, 사르밧 과부의 아이를 안고 다락에서 내려와서, 아이를 돌려주면서 "보라 네 아들이 살아났느니라"고 했을 때, 사르밧 과부는 엘리야에게 다음과 같이 말했다.

내가 이제야 당신은 하나님의 사람이시요 당신의 입에 있는 여호와의 말씀이 진실한 줄 아노라(왕상 17:24)

사르밧 과부의 아들이 엘리야의 기도로 살아나는 표적(기적)을 통해서 엘리야가 하나님의 사람이요 엘리야의 입에 있는 하나님의 말씀이 진실임을 증언함으로써, 사르밧 과부의 집에 하나님 나라가 확장되는 것을 보게 된다.

위의 두 경우 모두가 치유라는 표적을 통해 하나님 나라(말씀)가 증언됨으로써 하나님 나라가 확장 되었다는 것은 신약에서 예수님의 하나님 나라 확장을 위한 "말씀+표적⇒하나님 나라 확장"의 방법(모형)이 구약에서도 적용되었음을 증언하고 있다.

제1장

4복음서의 예수님의 하나님 나라 확장 (교회부흥) 방법

"말씀+표적⇒하나님 나라 확장"

1. 4복음서의 예수님의 하나님 나라 확장(교회부흥) 방법

(마태복음 4:23-25; 누가복음 4:18-19; 마가복음 16:15-20;
마가복음 3:13-15)

하나님 나라

누가복음 4:43에서 예수님께서 말씀하시기를 "내가 다른 동네들에서도 하나님의 나라 복음을 전하여야 하리니 나는 이 일을 위해 보내심을 받았노라"고 하셨다. 희랍어의 "복음"은 "좋은 소식(good news)"을 의미하기에, 예수님께서 이 땅에 오신 것은 "하나님 나라의 좋은 소식"을 전하려 오신 것이다.

세례자 요한은 마태복음 3:1-2에서 "회개하라 천국이 가까이 왔느니라"고 했으며, 예수님도 마태복음 4:17에서 "회개하라 천국이 가까이 왔느니라"고 하심으로써 "하나님 나라"를 강조하셨다. 그리고 "가까이 왔느니라(is at hand)"고 하신 것은 하나님 나라가 "여기에(here)" "지금(now)" 이 땅에 도래함을 강조하고 있다. 마태는 "하늘 나라(the kingdom of heaven)"라고 했으나, 마가와 누가는 "하나님 나라(the kingdom of God)"라고 했다. 마태복음은 유대인들을 위해서 쓰여진 것이기에, 그들은 하나님의 이름을 감히 사용하기를 꺼려해서 "하늘 나라"라고 했다. 그러기에 "하늘 나라"와 "하나님 나라"는 같은 것이다.

예수님의 마태복음 5장의 산상 설교에서도 하나님 나라가 예수님의 중심 사상이었다. 예수님의 설교의 첫 마디가 "심령이 가난한 자는 복이 있나니 천국(하늘 나라)이 그들의 것임이요"(마 5:3)라고 하시고, 그리고 "의를 위하여 박해를 받은 자는 복이 있나니 천국(하는 나라)이 그들의 것임이라"(마 5:10)고 하셨다. 그리고 예수님은 "누구든지 이 계명 중의 지극히 작은 것 하나라도 버리고 또 그같이 사람을 가르치는 자는 천국에서 지극히 작다 일컬음을 받을 것이요 누구든지 이를 행하며 가르치는 자는 천국에서 크다 일컬음을 받으리라 내가 너희에게 이르노니 너희 의가 서기관과 바리새인보다 더 낫지 못하면 결코 천국에 들어가지 못하리라"(밑자 밑줄)(마 5:19-20)고 하셨다.

예수님께서 제자들에게 가르치신 주기도문에서도 "(아버지의) 나라가 임하시오며"(마 6:10)라고 하시고, 예수님의 설교는 "나더러 주여 주여 하는 자마다 다 천국에 들어갈 것이 아니요"(마 7:21)라고 하는 하나님 나라에 대한 언급으로 끝을 맺는다. 우리는 공관복음서들에서 예수님은 하나님 나라에 대한 선포로 사역을 시작했음을 보게 된다. 예수님은 마태복음 13장에서 제자들에게 도래하는 하나님 나라의 성격에 대한 비유를 말씀하시면서 제자들에게 "천국은 마치… 같으니"라고 반복하셨다(마 13:24, 31, 33, 44, 45, 47).

예수님께서 최후의 만찬에서도 제자들에게 "진실로 너희에게 이르노니 내가 포도나무에서 난 것을 하나님 나라에서 새 것으로 마시는 날까지 다시 마시지 아니하리라 하시니라"(막 14:25)라고 하셨다. 예수님은 최후의 만찬에서 제자들에게 떡(예수님의 몸)을 먹게 하시고, 잔(예수님의 피)을 마시게 하신 후에(하나님과 사람 사이의 새로운 구원의 언약에 동참하게 하신 후에), 예수님은 제자들에게 영광스러운 하나님 나라의 약속과 영광스러운 축제(새 것으로 마시는)의 약속을 하셨다. 이 약속은 위대한 어린 양의 혼인 잔치에 참여하여, 앞으로 세워질 새 하늘과 새 땅인 영광스러운 하나님 나라에서 그리스도와 함께 영원한 삶을 누리게 되는 완전한 약속인 것이다.

예수님은 이 땅에서 사역을 시작하실 때나, 사역을 계속 하실 동안이나, 사역을 마치실 때나, 모든 사역은 하나님 나라의 사상에 맞추어서 하셨다.

예수님은 마태복음 10:5-7에서 제자들을 선교사역을 위해 내보내실 때도 "이방인의 길로도 가지 말고 사마리아인의 고을에도 들어가지 말고 오히려 이스라엘 집의 잃어버린 양에게로 가라"라고 하시면서 "천국(the kingdom of heaven)이 가까이 왔다"고 선포하라 하셨다.

하나님 나라의 권능(power)

예수님은 제자들에게 기도문을 가르치시면서 "나라와 권세와 영광이 아버지께 영원히 있사옵나이다 아멘"라고 하셨다. 예수님은, 하나님 나라와 권세와 영광은 하나님께 속한 것이라는 말씀이다. 하나님 나라는 하나님 나라의 통치요, 권세는 하나님 나라의 능력이요, 영광은 하나님 나라의 분위기임을 말씀하고 있다. 예수님께서 제자들(우리들)을 부르신 것은, "여기에서" "지금" 하나님의 나라가 이 땅에서 이루어지게 하고, 하나님의 권능이 증언 되게 하고, 이 땅위에 하나님의 영광이 나타나게 하라는 것이다. 예수님께서 이 세상에 계실 때, 예수님이 가시는 곳 마다 하나님의 임재하심이 함께 하셨다.

사도행전 1:1에서 지적한 것처럼, 예수님은 복음서에서 하나님 나라가 두 가지 중요한 방법으로 도래함을 선포하고 있다고 누가는 기록하고 있다. 누가는 "데오빌로여 내가 먼저 쓴 글에는 무릇 예수께서 <u>행하시며 (to do)</u> <u>가르치시기(to teach)</u>를 시작하심부터"(필자 밑줄)라고 했다. "행하신 것(to do)"은 예수님께서 하나님 나라의 일들(works 표적과 기적)을 하신 것이며, "가르치신 것(to teach)"은 하나님 나라에 대한 것을 가르치신 것(복음을 가르치신 것)이다. 우리도 복음(좋은 소식) 즉 말씀을 가르치고 전해야 하며, 그리고 우리도 성령이 주시는 권능으로 하나님 나라의 일들(works 표적과 기적)을 통해서 말씀을 증언해야 한다.

우리가 이 땅에서 하나님 나라 확장(교회부흥)을 위해 성공적으로 사역을 하려면, 예수님께서 사용하시고, 그리고 제자들에게 위탁하신 사역의 방법(모형)을 사용하는 것이 제일 좋은 방법이라고 확신한다. 마태복음 4:23-25, 누가복음 4:18-19, 마가복음 16:15-20에서는 예수님께서 이 땅에 하나님 나라 확장을 위해 사용하신 사역의 방법과 그 결과를 보여주고 있으며, 그리고 마가복음 3:13-15에서는 예수님께서 제자들을 선택하셔서 세우신 목적도, 예수님께서 이 땅에 하나님 나라 확장을 위해 사용하신 방법으로, 제자들이 이 땅에 하나님 나라 확장을 하도록 하기 위함이었음을 말씀하고 있다.

예수님께서 사용하신 사역의 방법(모형)은 우리 믿는 자들이 하나님 나라 확장(교회부흥)을 위해 사용해야 할 방법을 제시해 주고 있다. 예수님께서 4복음서에서 하나님 나라 확장을 위해 사용하신 방법(모형)은 말씀을 가르치시고 설교하시고, 표적과 기적으로 말씀을 증언하시고, 그 결과 많은 무리가 예수님을 따름으로서 이 땅에 하나님 나라가 확장되게 하셨다. 예수님께서 하나님 나라 확장을 위해 사용하신 방법은 다음과 같다:

"말씀선포+표적을 통한 말씀 증언⇒하나님 나라 확장"

(1) 마태복음 4:23-25의 예수님의 하나님 나라 확장 방법

23 예수께서 온 갈릴리에 두루 다니사 그들의 회당에서 가르치시며 천국 복음을 전파하시며 백성 중의 모든 병과 모든 약한 것을 고치시니 24 그의 소문이 온 수리아에 퍼진지라 사람들이 모든 앓는 자 곧 각종 병에 걸려서 고통 당하는 자, 귀신 들린 자, 간질하는 자, 중풍병자들을 데려오니 그들을 고치시더라 25 갈릴리와 데가볼리와 예루살렘과 유대와 요단 강 건너편에서 수많은 무리가 따르니라

말씀 선포

말씀: 요한복음 1:1-5에서 "1 태초에 말씀이 계시니라 이 말씀이 하나님과 함께 계셨으니 이 말씀은 곧 하나님이시니라 2 그가 태초에 하나님과 함께 계셨고 3 만물이 그로 말미암아 지은 바 되었으니 지은 것이 하나도 그가 없이는 된 것이 없느니라 4 그 안에 생명이 있었으니 이 생명은 사람들의 빛이라 5 빛이 어둠에 비치되 어둠이 깨닫지 못하더라"고 했다.

위의 요한복음 1:1-5의 말씀은 3가지 진리를 말씀하고 있다. 예수 그리스도는 하나님의 말씀으로 영원하시며(1-2절), 예수 그리스도는 창조주이시며(3절), 그리고 예수 그리스도는 생명이심을(4-5절) 말씀하고 있다. 하나님의 말씀은 하나님의 창조적 권능이며, 이 권능은 세계를 만드시고 모든 인간에게 빛과 생명을 주셨다(창 1:3; 시 33:6). 말씀은 사람들이 하나님과 만날 수 있는 권능이다.

요한복음 1:14에서 "말씀이 육신이 되어 우리 가운데 거하시매 우리가 그의 영광을 보니 아버지의 독생자의 영광이요 은혜와 진리가 충만하더라"고 했다. 그리스도는 말씀이 육신이 되어 우리 가운데 거하심으로, 성육신(Incarnation)이 이루어졌다. 말씀이 육신이 되어 우리 가운데 거하시는 예수 그리스도는 완전히 하나님이시면서 완전히 사람이시다. 예수 그리스도는 하나님의 세키나(Shekinah)의 영광이시며, 바로 은혜의 구체화시며 진리의 구체화이시다.

예수님은 말씀을 가르치시며 전하셨다: 예수님께서 갈릴리 모든 지역을 두루 다니시며 말씀을 가르치시며 천국 복음(하나님 나라 말씀)을 전파하셨다(23절). 예수님이 가르치시고 전파하신 것은 하나님 나라의 말씀(복음)이었다. 예수님은 먼저 말씀 선포를 하셨다. 말씀 선포는 말씀을 듣게 하는 것과 말씀을 배우게 하는 것을 포함한다.

예수님은 자기에게 주어진 지역의 모든 곳을 두루 다니시며 충성되게 복음을 전하셨다. 우리 믿는 자들이 이 땅에서 하나님 나라 확장을 위해 수행해야 할 사명, 과제, 책임의 모범을 보이신 것이다.

예수님은 회당에서 가르치시며 천국 복음을 전파하셨다. 예수님은 회당, 즉 말씀을 듣고자 준비된 사람들이 있는 곳에 가셔서 말씀을 전하셨다, 누가복음 19:10에서 예수님은 "인자가 온 것은 잃어버린 자를 찾아 구원하려 함이니라"라고 말씀하시고, 그리고서 예수님은 우리를 향해 요한복음 20:21에서 "예수께서 또 이르시되 너희에게 평강이 있을지어다 아버지께서 나를 보내신 것 같이 나도 너희를 보내노라"라고 말씀 하셨다.

예수님은 천국 복음(말씀)을 선포하심으로서 영원한 하나님 나라에 대한 희망을 주셨다. 하나님 나라에 대한 소식은 이 땅에서 주어지는 가장 위대한 소식이다. 하나님 나라는 이 땅의 왕국들을 초월 한다. 하나님 나라는 영원하다. 그러나 이 땅의 왕국은 물리적이고 부패한다. 하나님 나라가 영원하다는 것은 우리의 삶이 영원하며 소멸되지 않고 부패하지 않는다는 것을 의미한다.

회당은 유대인의 삶에서 중요한 곳이다. 회당은 유대인들을 위한 예배의 중심지이며, 배우고 교육하는 중심지이기 때문이며, 회당에서 매일 예배드리며 말씀을 토론하는 곳이기 때문이다. 예루살렘 경지(境地)에는 수백의 회당이 있었다. 사도행전 6:9에 5개의 회당이 언급되고 있다. 회당에서의 예배는 기도, 성경 말씀 읽기, 강의, 토론 등을 포함한다. 예수님은 회당을 사용하시는 전략을 세우셨으며(눅 4:16이하), 바울도 회당을 이용하여 예수님을 전하였다(행 9:20).

표적(기적) 사역

예수님은 말씀 선포와 함께 백성 중에 "모든 병과 모든 약한 것"을 고치셨다. 그 소문이 온 수리아에 퍼져서 사람들이 갖가지 질병, 즉 고통당하는 모든 환자들, 귀신 들린 자, 간질병자, 중풍병자들을 데려왔다.

그 당시 수리아는 팔레스타인을 포함한 대 로마제국의 지배권 하에 있었다. 수리아의 주요 도시는 다메섹, 안디옥, 비브로스, 팔미라, 마레포, 갈가메쉬 등이었다. 예수님에 관한 소문이 수리아 전역에 퍼져서, 수리아 모든 지역에서 예수님의 말씀을 듣기 위해 예수님을 찾아왔다. 수리아는 초기 교회사에서 유명한 곳이 되었다. 바울은 다메섹으로 가는 도중에 예수님을 만나 개종했으며, 제일 먼저 위대한 이방 교회가 안디옥에 세워졌으며, 안디옥 교회가 기독교 교회사에서 제일 첫 번째로 선교사를 파송했으며 그리고 "그리스도인"이란 이름을 처음으로 사용한 것이 안디옥 교회에서였다(행 11:26).

수리아 모든 지역에서 모든 앓는 자 곧 각종 병에 걸려서 고통당하는 자, 귀신 들린 자, 간질 하는 자, 중풍병자들을 데려오니 예수님께서 그들을 고치셨다. 예수님께서 갈릴리에서 치유의 기적을 행하신 것은 3가지 특수 치유 분야였다. 귀신 들린 자를 치유하신 것은 영적 치유를 말하고, 간질 병자를 치유하신 것은 정신적(심적 혹은 내적) 치유를 말하고, 중풍 병자를 모두 치유하신 것은 육체적 치유를 말한다. 말하자면, 영적, 정신적(내적), 육체적 분야에 치유를 하신 것이다. 예수님은 그들을 모두 고쳐주시는 표적(치유 사역)으로 말씀을 증언하셨다. 예수님의 치유사역을 포함하는 표적(기적)사역은 여러 지역에 있는 사람들로 하여금 예수님과의 만남을 갖게 하는 길, 즉 하나님 나라의 말씀을 증언하게 하는 길이 되었다.

하나님 나라 확장

예수님께서 갈릴리에서 표적으로 말씀을 증언하셨는데, 그 소문이 온 수리아에 퍼지게 되고, 그리고 갈릴리, 데가볼리, 예루살렘, 유대와 요단강 건너편에서 수많은 무리가 따라오게 되었다. 예수님께서 표적(치유사역)으로 말씀을 증언하신 능력 사역으로 하나님 나라가 이 땅에 확장되었음을 증언하고 있다.

마태복음 15:30-31에서 "큰 무리가 다리 저는 사람과 장애인과 맹인과 말 못하는 사람과 기타 여럿을 데리고 와서 예수의 발 앞에 앉히매 고쳐 주시니 말 못하는 사람이 말하고 장애인이 온전하게 되고 다리 저는 사람이 걸으며 맹인이 보는 것을 무리가 보고 놀랍게 여겨 이스라엘의 하나님께 영광을 돌리니라"라고 증언하고 있다.

마태복음 4:23-25에서 예수님께서 하나님 나라 확장(교회성장)을 위해 사용하신 방법(모형)은: "말씀선포+표적을 통한 말씀증언⇒하나님 나라 확장(군중들이 모임)"이었다.

예수님은 마가복음 1:15에서 "하나님 나라가 가까왔으니 회개하고 복음을 믿으라"고 하심으로써 공적인 사역을, 하나님 나라의 임재를 선포하시고 그리고 회개하고 하나님 나라의 복음(말씀)을 믿으라고 선포하심으로서, 시작하셨다.

예수님은 마태복음 10:7-8에서 12제자들에게 이스라엘 집의 잃은 양 떼에게로 다니면서 천국이 가까이 왔다고 하나님 나라의 복음(말씀)을 전하라고 하시면서 "병든 자를 고치며 죽은 자를 살리며 나병환자를 깨끗하게 하며 귀신을 쫓아내되 너희가 거저 받았으니 거저 주라"고 하셨다. 표적으로 하나님 나라를 증언함으로서 하나님 나라를 확장하라는 것이다. 예수님의 말씀은 오늘을 사는 우리에게 주시는 말씀이리라.

예수님은 누가복음 10:1-11에서 72명을 세우셔서 파송 하실 때도 병자들을 고치면서 "하나님의 나라가" 가까이 왔음을 전하라고 하셨다.

바울도 사도행전 28:31에서 "하나님의 나라를 전파하며 주 예수 그리스도에 관한 모든 것을 담대하게 거침없이 가르치더라"고 했다.

신약성경의 "하나님의 나라"는 희랍어로 "바시레이아(basileia)"라는 말로서, 이것은 지리학적인 영역이 아니라 하나님의 역동적인 통치활동을 의미한다.

요한복음 1:14에서 "말씀이 육신이 되어 우리 가운데 거하시매"라고 함으로써, 예수님께서 이 땅에 오셨을 때 하나님 나라가 이 땅에 임재하게 되었다. 그러기에 하나님의 아들이 나타나심으로써, 다시 말하자면, 하나님 나라가 임함으로서 마귀의 일을 멸하고(요일 3:8), 병든 자를 고치고, 귀신을 쫓아내며, 죽은 자를 살리는 하나님의 권세의 통치하심의 역사가 이 땅에서 일어나는 것이다. 말하자면, 예수 그리스도의 성령의 권능으로 통치하심의 표적으로 하나님 나라의 복음(말씀)

이 증언됨으로서 하나님 나라가 확장 된 것이다.

(2) 누가복음 4:18-19의 예수님의 하나님 나라 확장 방법

18 주의 성령이 내게 임하셨으니 이는 가난한 자에게 복음을 전하게 하시려고 내게 기름을 부으시고 나를 보내사 포로된 자에게 자유를 눈먼 자에게 다시 보게 함을 전파하며 눌린 자를 자유롭게 하고 19 주의 은혜의 해를 전파하게 하려 하심 이라 하였더라

예수님께서 나사렛 동네에 오시다

예수님께서, 자기가 자라나신 나사렛 동네에 가셔서, 늘 하시던 대로, 안식일에 회당에 들어가셨다.

나사렛은 별로 알려지지 않은 작고 조용한 동네여서, 서로가 서로를 다 아는 열린 공동체이기에 명상하기 좋은 곳이었다. 그러면서 로마와 북 아프리카를 연결하고 동서(東西)의 큰 도시들을 연결하는 두 개의 중요한 도로가 나사렛 주변을 통과하고 있었기에, 나사렛 동네는 그 당시 세계의 흐름과 만남을 가질 수 있는 곳이기도 했다. 예수님은 언덕 위에 서서 대상들과 여행자들이 오가는 것을 바라보기도 하고, 아마도 만나기도 하면서, 온갖 종류의 사람들과 여러 다른 국적을 가진 사람들을 만나고 연구할 기회를 가졌을 것이다. 예수님은 어린 시절 그들을 바라보면서 잃어버린 자들을 보고 마음 아파하면서 울기

도 했을 것이다.

예수님은 늘 하시던 대로, 예배를 드리기 위해, 안식일에 회당에 들어가셨다. 이 회당은 예수님께서 어린 시절 항상 다니시던 회당으로, 모든 사람이 서로를 다 아는 작은 공동체였다. 그 회당에는 설교자도 목회자도 없었기에, 지도자는 단순히 누군가를 초청하여 성경을 읽고 설교하도록 했을 것이다. 그들 회중들은 그들의 이웃인 예수님에 대해 많은 이야기를 들었기 때문에, 이번 안식일에는 예수님을 초청하여 성경을 읽고 설교를 하시라고 했을 것이다.

예수님은 일어서서(일어서신 것은 하나님의 말씀에 경의를 표하는 것), 선지자 이사야의 두루마리를 건네받아, 이사야 61:1-2을 찾으시어, 예수님 자신(메시아로서)을 중심한 내용이 담긴 구절을 극적으로 읽으셨다.

말씀 선포

예수님은 "주의 성령이 내게 임하셨으니"라고 선언하심으로써 구세주이신 예수님은 바로 하나님 자신의 성령으로 기름부음 받으신 분임을 분명히 하셨다. 주의(여호와 하나님) 성령이 내게(메시아, 구세주에게) 임하셨다고 하심으로서, 삼위일체 하나님에 대한 것을 분명히 하시고 성령이 항상 예수님과 함께 하심을 증언하셨다. 골로새서 2:9에서 바울은 "그리스도 안에서는 하나님의 모든 신성이 몸이 되어서, 충만하게 머물러 있습니다"(표준)라고 했다.

예수님은 성령의 기름 부으심으로, 가난한 사람들에게 복음(말씀)을 전하는 일을 하셨다. 가난한 사람들은 물질적으로 가난할 뿐 아니라 영적으로 가난한 자를 말한다. 심령이 가난한 자(the poor in spirit) (마 5:3)는 하나님 앞에 지극히 무력함을 자인하고 오로지 하나님께 의존하는 자를 말하고, 하나님을 떠나서는 전적으로 영원한 삶을 누릴 수 없다는 것을 아는 자, 즉 영원한 삶의 축복은 하나님과의 바른 관계없이는 이룰 수 없다는 것을 자인하는 자를 의미하고 그리고 하나님 앞에서 자신의 영적 메마름을 자인하는 자를 의미한다.

예수님은 가난한 사람들에게 하나님의 구원의 말씀을 전하기 위해서 오셨다. 가난한 사람들은 구원 받아야 할 필요성을 이의 없이 아는 사람들이며, 하나님은 그들에게 하나님 나라를 약속하셨다. 예수님은 마태복음 5:3에서 "심령이 가난한 자는 복이 있나니 천국이 그들의 것임이요"라고 하셨다. 그리고서 예수님은 마태복음 18:4에서 "그러므로 누구든지 이 어린 아이와 같이 자기를 낮추는 사람이 천국에서 큰 자니라"라고 하시고, 야고보서 2:5에서 "내 사랑하는 형제들아 들을지어다 하나님이 세상에서 가난한 자를 택하사 믿음에 부요하게 하시고 또 자기를 사랑하는 자들에게 약속하신 나라를 상속으로 받게 하지 아니하셨느냐"라고 했다.

표적(능력) 사역

예수님은 성령의 기름 부으심으로 자신의 사명은 삼중 표적(치유 사역), 즉 포로 된 사람들에게 자유와 눈먼 사람들에게 다시 보게 함과 억눌린 사람들을 풀어주는 능력 사역으로 복음(말씀)을 증언하시는 것이었다.

"포로 된 자"는 사람들이 피할 수 없는 두 가지 사로잡는 힘 즉 죄와 죽음에 포로 된 자를 말한다. 모든 인간은 죄를 짓고 있으며 죄를 짓지 않을 수 없다. 모든 인간은 죽을 것이며 죽지 않을 수 없다. 모든 인간은 죄와 죽음에 포로 된 자이다. 로마서 3:23에서 바울은 "모든 사람이 죄를 범하였으매 하나님의 영광에 이르지 못하더니"라고 하고, "죄의 삯은 사망이요"(롬 6:23)라고 했다. 그리고 히브리서 9:27에서 "한번 죽는 것은 사람에게 정해진 것이요 그 후에는 심판이 있으리니"라고 했다.

인간은 그 누구도 인간을 죄와 죽음에서 해방하여 구원할 수 있는 권능과 능력을 가진 자는 없다. 예수 그리스도만이 구세주(메시아)로서 인간을 죄와 죽음의 속박에서 해방하게 하시고 구원할 수 있음을 선포하신 것이다.

예수님은 요한복음 3:16에서 "하나님이 세상을 이처럼 사랑하사 독생자를 주셨으니 이는 그를 믿는 자마다 멸망하지 않고 영생을 얻게 하려 하심이라"라고 하시고, 바울은 로마서 3:23-24에서 "모든 사람이 죄를 범하였으매 하나님의 영광에 이르지 못하더니 그리스도 예수 안에 있는 속량으로 말미암아 하나님의 은혜로 값없이 의롭다 하심을 얻은 자 되었느니라"라고 하고, 그리고 디모데후서 1:10에서 "이제는 우리 구주 그리스도 예수의 나타나심으로 말미암아 나타났으니 그는 사망을 폐하시고 복음으로써 생명과 썩지 아니할 것을 드러내신지라"라고 했다.

"눈먼 자"는 육체적으로 영적으로 눈먼 자들을 의미한다. 눈먼 자들은 모든 질병으로 병든 자들을 대표한다. 예수님은 눈먼 자를 다시 보게 하고, 앉은뱅이를 일어서게 하며, 문둥이를 깨끗하게 하며, 귀머거리를 듣게 하는 등 난치의 환자들을 치유하시는 것을 선포하신 것이다.

이사야 35:5에서 "그 때에 맹인의 눈이 밝을 것이며 못 듣는 사람의 귀가 열릴 것이며"라고 하고, 누가복음 7:22에서 "예수께서 대답하여 이르시되 너희가 가서 보고 들은 것을 요한에게 알리되 맹인이 보며 못 걷는 사람이 걸으며 나병환자가 깨끗함을 받으며 귀먹은 사람이 들으며 죽은 자가 살아나며 가난한 자에게 복음이 전파된다 하라"라고 하셨다.

"**눌린 자**"는 이사야 58:6의 내용을 인용한 것으로, 육체적으로, 정신적으로, 감정적으로, 심리적으로, 영적으로 상처받아 고통의 짐에 눌린 사람들을 의미한다. 눌린 자는 악한 세력에 눌린 자, 비탄에 눌린 자, 정욕에 눌린 자, 경제적으로 눌린 자, 질병에 눌린 자, 결혼 문제에 눌린 자, 사랑하는 사람을 잃어버리고 슬픔에 눌린 자, 실직하여 생계의 염려에 눌린 자, 심리적이고 육체적인 고통에 눌린 자 등 모두를 의미한다. 예수 그리스도만이 모든 억눌린 사람들을 진정으로 풀어 주시고 구원해 주신다는 것을 선포하셨다.

사도행전 10:38에서 "하나님이 나사렛 예수에게 성령과 능력을 기름 붓듯 하셨으매 그가 두루 다니시며 선한 일을 행하시고 마귀에게 눌린 모든 사람을 고치셨으니 이는 하나님이 함께 하셨음이라"라고 했다. 마태복음 10:1에서 예수님께서 그의 열두 제자를 부르셔서

"더러운 귀신을 쫓아내며 모든 병과 모든 약한 것을 고치는 권능을" 주시고, 마태복음 10:8에서 "병든 자를 고치며 죽은 자를 살리며 나병환자를 깨끗하게 하며 귀신을 쫓아내되 너희가 거저 받았으니 거저 주라"라고 말씀하셨다.

예수님은 모든 눌림에서 풀어주셔서 기쁨과 위로와 찬양의 옷을 입혀 주실 것을 선포하신 것이다. 요한복음 15:11에서 "내가 이것을 너희에게 이름은 내 기쁨이 너희 안에 있어 너희 기쁨을 충만하게 하려 함이라"라고 하시고, 요한복음 16:24에서 "지금까지는 너희가 내 이름으로 아무 것도 구하지 아니하였으나 구하라 그리하면 받으리니 너희 기쁨이 충만하리라"라고 하셨다.

하나님 나라 확장

표적 사역으로 말씀을 증언한 결과, "주의 은혜의 해를 전파하게 하려 하셨다"는 것은, 50년 마다 맞는 희년을 가리켜 말씀하신 것이다 (레 25:1-55). 희년에는 노예들은 해방되고 매매된 토지는 원 주인에게 돌아갔다. 예수님께서 포로 된 사람들에게 자유를 주시고, 눈먼 사람들을 다시 보게 하고, 억눌린 사람들을 풀어 주시는 일을 희년의 자유에 비교하신 것이다. 그러기에, "은혜의 해"는 구원의 날을 의미한다. 메시아가 오신 해(시대)를 의미한다. 다시 말하면, 주의 은혜의 해는 하나님 나라가 이 땅에 확장되는 때를 말한다.

"주의 은혜의 해"가 전파되기에 예수님은 요한복음 14:27에서 우리를 향해 "평안을 너희에게 끼치노니 곧 나의 평안을 너희에게 주노라 내가 너희에게 주는 것은 세상이 주는 것과 같지 아니하니라 너희는 마음에 근심하지도 말고 두려워하지도 말라"라고 말씀하고 계신다.

누가복음 4:18-19에서 예수님께서 하나님 나라 확장(교회성장)을 위해 사용하신 방법(모형)은: "말씀선포+표적을 통한 말씀증거⇒주의 은혜의 해, 즉 하나님 나라 확장"이었다.

예수님의 생애는 말씀을 선포하시고, 표적을 통한 말씀을 증언하심으로써, 하나님 나라가 이 땅에 확장되는 방법(모형)으로 이어졌다. 예수님의 표적(기적)의 목적은 말씀을 증언함으로 하나님 나라 확장을 위한 것이었다.

(3) 마가복음 16:14-20의 예수님이 제자들에게 주신 위탁의 말씀

예수님께서 부활하신 후 승천하시기 직전에 제자들에게 위탁의 말씀을 다음과 같이 주셨다.

14 그 후에 열한 제자가 음식 먹을 때에 예수께서 그들에게 나타나사 그들의 믿음 없는 것과 마음이 완악한 것을 꾸짖으시니 이는 자기가 살아난 것을 본 자들의 말을 믿지 아니함일러라 15 또 이르시되 너희는 온 천하에 다니며 만민에게 복음을 전파하라 16 믿고 세례를 받는 사람은 구원을 얻을 것이요 믿지 않는 사람은 정죄를 받으리라 17 믿는 자들에게는 이런 표적이 따르리니 곧 그들이 내 이름으로 귀신을 쫓아내며 새 방언을 말하며 18 뱀을 집어올리며 무슨 독을 마실지라도

해를 받지 아니하며 병든 사람에게 손을 얹은즉 나으리라 하시더라 19 주 예수께서 말씀을 마치신 후에 하늘로 올려지사 하나님 우편에 앉으시니라 20 제자들이 나가 두루 전파할새 주께서 함께 역사하사 그 따르는 표적으로 말씀을 확실히 증언하시니라

부활하신 예수님께서 제자들을 꾸짖으심

이것은 예수님께서 부활하신 후 모든 제자들(11제자들)에게 처음으로 나타나신 것이다(14절). 그 날은 주일(일요일)로서 예수님께서 죽음에서 일어나신 바로 그 날이었다. 제자들은 유대인들을 두려워하여 문을 잠가 놓고 음식을 먹고 있었다. 그 때 예수님은 부활하신 몸으로 제자들 앞에 나타나신 것이다.

그날에 예수님은 여러 제자들에게 나타나심으로서 바쁜 일정을 보내셨다, 막달라 마리아에게 나타나셨다(막 16:9-11). 제자들에게 예수님 부활을 알리려고 가는 여자들에게 나타나셨다(마 28:9). 베드로에게 나타나셨다(눅 24:34). 엠마오 도상의 두 제자들에게 나타나셨다(막 16:12-13; 눅 24:15-31). 위에서 말씀한 열 한 제자들에게 나타나셨다(막 16:14).

예수님은 제자들에게 위탁의 말씀을 주시기 직전에, 먼저 제자들의 "믿음 없는 것과 마음이 완악한 것을" 꾸짖으셨다. 제자들의 "믿음 없는 것과 마음이 완악한 것" 이 두 가지는 위대한 위탁의 말씀에 장애가 되기 때문이다.

제자들은 "믿음 없는 것과 마음이 완악한 것"에 대해 책망을 받을 만했다. 제자들은 예수님의 사역을 통해 예수님의 권능을 직접 본 자들이었다. 그들은 예수님께서 자연과 질병을 치유하시는 권능을 보았으며, 그들은 예수님께서 야이로의 딸과 젊은이와 나사로를 살리심으로 예수님의 죽음을 지배하시는 권능을 직접 보았다. 제자들은 예수님의 거룩하심과 죄 없음과 영광스러움과 죽음을 이기시는 것에 대한 증언자였다. 예수님은 죽으셔서 살아나시리라는 것을 여러 번 제자들에게 말씀하셨으나, 그들은 예수님의 말씀을 이해하지 못했다.

제자들의 "믿음 없는 것과 마음이 완악한 것(무딘 것)"은 예수님의 위대한 위탁의 말씀을 수행하는 데 큰 장애가 되기 때문에 이 두 가지 장애물은 제거되어야만 했다. "믿음 없는 것과 마음이 완악한 것(무딘 것)"의 근본적인 원인은 아주 단순히 예수님의 말씀과 성경을 오해하기 때문이었다. 예수님은 죽으시고 다시 살아나신다는 말씀을 제자들에게 여러 번 하셨지만, 제자들은 예수님의 부활을 믿기를 거부하고, 상징적으로 이해하려 했다. 그들은 메시아는 고난 받는 구세주임을 거부하고, 정복하는 세상적인 왕으로 받아들이려 했다. 그들은 하나님의 나라를 영적으로 받아들이기를 거부하고 이 땅의 왕국으로 생각하려 했다. 제자들은 "미련하고 선지자들이 말한 모든 것을 마음에 더디 믿는 자들이여"(눅 24:25)라고 하는 책망의 말씀을 들을 만 했다.

예수님께서 제자들에게 주시는 위대한 위탁의 말씀
(막 16:15-18)

예수님께서 부활하셔서, 승천하시기 전에, 제자들에게 위대한 위탁의 말씀을 주셨다. 위탁의 말씀은 간단하면서도 강렬하고 타협이 없는 명령이었다.

말씀 선포

예수님은 제자들에게 위탁의 말씀으로 먼저 "온 천하에 다니며 만민에게 복음을 전파하라"고 하셨다.

예수님은 제자들이 해야 할 제일 중요한 일은 복음(하나님의 말씀)을 전하는(가르치고 설교하는 것을 포함하여) 것이었다. 우리는 우리의 생각이나, 세상의 종교나 철학을 전하는 것이 아니라, 복음(하나님의 말씀)을 전해야 한다. 로마서 1:2-4에서 예수님께서 전하라고 하시는 "이 복음은 하나님이 선지자들을 통하여 그의 아들에 관하여 성경에 미리 약속하신 것이라 그의 아들에 관하여 말하면 육신으로는 다윗의 혈통에서 나셨고 성결의 영으로는 죽은 자들 가운데서 부활하사 능력으로 하나님의 아들로 선포되셨으니 곧 우리 주 예수 그리스도시니라"(롬 1:2-4)는 것을 의미한다.

예수님은 이 복음을 만민(온 세계, 모든 사람, 영어 성경은 모든 피조물 all creation, every creature)에게 전하라고 하셨다. 어떤 나라도, 어떤 지역도 소홀히 해서는 안 된다. 어떤 민족도, 어떤 사람도 묵살해서는 안 된다.

예수님은 복음의 말씀을 "믿고 세례를 받는 사람은 구원을 얻을 것이요 믿지 않는 사람은 정죄를 받으리라"라고 하셨다. 예수님의 위탁의 말씀은 이중적(二重的)인 것으로. 인간은 구원을 받든지, 멸망을 하든지 둘 중의 하나이다.

예수님은 구원을 받기 위해서는 두 가지가 필수적이라고 하셨다. 복음을 믿는 것과 세례를 받는 것이다. 구원을 받기 위해서 세례(침례)를 받아야 한다. 세례(침례)는 믿고 구원받았다는 상징(표식)이다.

믿음은 구원받기를 원하는 사람이 하나님의 명령에 순종하는 행동이고, 세례는 믿는 사람이 하나님의 명령에 순종하겠다는 행동이다. 믿음이 하나님의 명령에 순종하는 행동인 것과 마찬가지로, 세례도 하나님의 명령에 순종하는 행동이다. 만일 사람이 구원받기를 원한다면, 주님은 믿으라고 요구하신다. 그리고 사람이 믿는다면, 주님은 세례를 받으라고 요구하신다. 믿는 것과 순종하는 것은 같은 것이다. 히브리서 5:9에서 "온전하게 되셨은즉 자기에게 순종하는 모든 자에게 영원한 구원의 근원이 되시고"라고 했다.

행동 없이, 열매 없이, 믿음만이라는 것은 있을 수 없다. 순종 없는 믿음은 성경이 말씀하는 믿음이 아니다. 히브리서 11:6에서 "믿음이 없이는 하나님을 기쁘시게 하지 못하나니 하나님께 나아가는 자는 반드시 그가 계신 것과 또한 그가 자기를 찾는 자들에게 상 주시는 이심을 믿어야 할지니라"라고 하고, 그리고 야고보서 2:14에서 "내 형제들아 만일 사람이 믿음이 있노라 하고 행함이 없으면 무슨 유익이 있으리요 그 믿음이 능히 자기를 구원하겠느냐"라고 했다.

그렇지만 우리가 한 가지 이해해야하는 것은, 믿음과 세례는 두

가지 다른 차원의 것이다. 믿고 구원을 받는 것은 영적인 차원이요, 세례를 받는 것은 육적인 차원이다. 세계에는 수많은 사람들이 기형으로 태어났기에, 세례(침례)를 받기 위해서 물속에 잠길 수 없는 경우가 허다하다. 구원의 순간은 세례(침례)를 받을 때나 다른 의로운 행동으로가 아니라, 예수 그리스도를 믿는 순간이다.

표적(기적) 사역

예수님은 약속하시기를, 위대한 위탁의 말씀을 수행할 때, 즉 믿는 자들이 만민에게 복음을 전파할 때, 하나님은 믿는 자들에게 필요한 권능을 주신다고 하셨다.

믿는 자들이 그리스도의 말씀의 증인이 되는 것은 성령의 권능으로 되어 짐을 다음과 같이 증언하고 있다. 사도행전 1:8에서 "오직 성령이 너희에게 임하시면 너희가 권능을 받고 예루살렘과 온 유대와 사마리아와 땅 끝까지 이르러 내 증인이 되리라 하시니라"라고 하고, 고린도전서 2:4에서 "내 말과 내 전도함이 설득력 있는 지혜의 말로 하지 아니하고 다만 성령의 나타나심과 능력으로 하여"라고 했다. 스가랴 4:6에서 만군의 여호와께서 스룹바벨에게 말씀하시기를 "이는 힘으로 되지 아니하며 능력으로 되지 아니하고 오직 나의 영으로 되느니라"라고 하셨다.

믿는 자들은 예수님의 이름으로 귀신을 쫓아낸다고 하셨다. 바울은 점을 치는 귀신들린 여자 속에 있는 귀신을 향해 "예수 그리스도의 이름으로 내가 네게 명하노니 그에게서 나오라"(행 16:18)라고 명령하여 귀신을 내어 쫓았다. 우리도 예수그리스도의 이름으로 귀신을 내어 쫓을 수 있다.

믿는 자들은 새 방언을 말한다고 하였다. 오순절에 제자들은 "그들이 다 성령의 충만함을 받고 성령이 말하게 하심을 따라 다른 언어들로(방언으로) 말하기를 시작하니라"(행 2:4)라고 했다. "다른 언어들"은 두 가지로 해석할 수 있다. 첫째로 "다른 언어들"은 외국 언어들을 의미한다. 제자들이 다른 나라 말로 설교하기 때문에 사람들이 신기하게 여긴 것이다(행 2:7). 둘째로 "다른 언어"는 바울이 말하는 황홀한(무아지경의) 지껄임, 즉 방언(헬리어로 '그로소라리아' γλωσσολαλία)을 의미할 수도 있다(고전 14:1-40). 20세기에 오순절 교회와 카리스마 운동 교계에서는 그로소라리아를 성령세례를 받은 증거로 보았다.

믿는 자들은 손으로 뱀을 집어 들며, 독약을 마실지라도 해를 받지 아니한다고 했다. 바울이 멜리데 섬에서 바울의 손이 나뭇가지의 뜨거운 불기운 때문에 튀어나온 독사에게 물렸으나 "바울이 그 짐승을 불에 떨어 버리매 조금도 상함이 없더라"(행 28:5)라고 했다.

믿는 자들은 병든 사람에게 손을 얹은즉 나으리라고 했다. 멜레데 섬의 추장인 보블리오의 아버지가 열병과 이질에 걸려서 병석에 누워 있었는데, 바울은 들어가서 기도하고, 그에게 손을 얹어서 낫게 해주었다(행 28:7-8). 사도행전의 제자들, 특히 베드로와 바울은 수많은 병자들을 치유함으로써, 말씀을 증언하고, 하나님 나라가 확장되었다.

예수님은 승천하셔서 하나님 우편에 앉으심

예수님께서 제자들에게 위탁의 말씀을 마치신 뒤에, 하늘로 들려 올라가셔서, 하나님의 오른쪽에 앉으셨다. 예수님께서 승천하셨다는 것은 하나님은 존재하시고 살아 계시다는 것을 우리에게 확신시켜 주는 것이며, 그리고 하나님의 권능으로만 그리스도를 죽음에서 일어나게 하시고 하늘로 들려 올라가실 수 있음은(눅 24:51) 하나님께서 존재하신다는 것을 증언하고 있다. 고린도전서 6:14에서 "하나님이 주를 다시 살리셨고 또한 그의 권능으로 우리를 다시 살리시리라"라고 함으로서 하나님께서 권능으로 예수 그리스도를 살리심 같이 우리를 다시 살리시리라는 것을 말씀하고 있다. 바울은 고린도후서 4:14에서 우리는, 주 예수를 살리신 분이 예수와 함께 우리도 살리시고, 여러분과 함께 자기 앞에 세워 주시리라는 것을 알고 있다고 했다.

예수님께서 승천하셨다는 것은 또한 예수 그리스도는 하나님의 아들임을 우리에게 확신시켜 주는 것이다. 바울은 로마서 1:3-4에서 "그의 아들에 관하여 말하면 육신으로는 다윗의 혈통에서 나셨고 성결의 영으로는 죽은 자들 가운데서 부활하사 능력으로 하나님의 아들로 선포되셨으니 곧 우리 주 예수 그리스도시니라"라고 했다.

예수님께서 승천하셨다는 것은 하나님 나라가 실제로 존재한다는 것을 우리에게 확신시켜 주는 것이며(빌 3:20-21), 복음이 진실이라는 것을 우리에게 확신시켜 주는 것이다(막 16:16; 벧전 2:24).

제자들은 표적으로 말씀을 확실히 증언하고 하나님 나라를 확장함

마가복음 16:20에서 "제자들이 나가 두루 전파할새 주께서 함께 역사하사 그 따르는 표적으로 말씀을 확실히 증언하시니라"고 했다.

제자들은 즉시 나가서, 방방곳곳에서 복음(말씀)을 전파하였다. 주께서(주의 성령이) 그들과 함께 역사하시고, 여러 가지 표적이 따르게 하셔서, 말씀을 확증하여 주셨다.

제자들이 표적(치유)사역으로 말씀을 증언함으로써 수많은 사람들이 예수님을 믿게 되고, 하나님 나라가 확장되었음을 말씀하고 있다. 사도행전 4:33에서 "사도들이 큰 권능으로 주 예수의 부활을 증언하니 무리가 큰 은혜를 받아"라고 증언하고 있다. 여기서 우리가 알아야 할 중요한 사실은 표적(기적)은 말씀을 증언하기 위한 것이고, 구원은 말씀에 있다는 것이다.

마가복음 16:15-20에서 예수님께서 승천하시기 직전에 제자들에게 위탁의 말씀을 주신, 이 땅에 하나님 나라 확장을 위한 방법(모형)은: "말씀선포+표적을 통한 말씀증거⇒하나님 나라 확장"이었다.

(4) 마가복음 3:13-15의 예수님께서 12제자들을 세우신 목적

13 또 산에 오르사 자기가 원하는 자들을 부르시니 나아온지라 14 이에 열둘을 세우셨으니 이는 자기와 함께 있게 하시고 또 보내사 전도도 하며 15 귀신을 내쫓는 권능도 가지게 하려 하심이러라

배경(막 3:7-12)

예수님의 영향력은 믿을 수 없을 정도로 대단했다. 몇 개월 내에 많은 도시와 외국 나라가 약속된 메시아, 즉 나사렛 예수를 찾아서 만나려고 했다. 마가복음 3:7-8에서 두 번이나 "큰 무리가" 예수님에게로 "몰려왔다"고 했다.

무리가 갈릴리에서 예수님을 따라왔다. 갈릴리 지역은 200개 이상의 도시를 포함하고 있으며, 각 도시는 15,000명 이상 되는 인구 밀도가 높은 지역이었다(William Barclay, *The Gospel of Matthew*, Vol, 1. p. 66.)

무리가 유대와 예루살렘에서 예수님을 보기 위해 왔다. 이들 도시는 걸어서 100마일(161km, 410여리)이나 되는 거리에 있는 도시이다.

무리가 이두매에서 왔다. 이두매는 멀리 남쪽에 위치한 도시로, 팔레스타인과 아라비아의 경계지역에 있는 도시이다. 이두매는 에서의 땅이라는 에돔에 대한 희랍과 로마의 별명이다(창 25:30; 36:1).

무리가 요단 강 건너편에서(요단강 동쪽에서) 왔다.

무리가 두로와 시돈 근처에서 왔다. 이 두 도시는 북쪽에 위치한 페니키아(지금의 시리아 연안에 있던 도시국가)에 있는 외국 도시이다.

무리가 예수님께로 몰려 온 것은 예수님이 행하신 큰일을 직접 보고 말씀을 들은 사람들로부터 증언을 들었기 때문이다. 예수님은 많은 사람을 고쳐 주셨으므로, 온갖 병으로 고통 받는 사람들은, 누구나 그에게 손을 대려고 밀려들었기 때문이다(막 3:10). 또한 악한 귀신들은 예수님을 보기만 하면, 그 앞에 엎드려서 "당신은 하나님의 아들입니다"(막 3:11)하고 외쳤기 때문이다. 귀신들은 예수님께 순종했다. 귀신들은 예수님께서 하나님의 아들이요 메시아임을 알았다. 귀신들은 예수님께서 그들을 쫓아내어 종말이 되기 전에 지옥에 던져버릴까 두려워했다. 예수님께서 "나를 세상에 드러내지 말아라"하고, 귀신들을 엄하게 꾸짖으셨다.

많은 무리가 절망적으로 예수님에게 몰려와서 예수님에게 손을 대려고 했기에, 예수님은 제자들에게 분부하여 작은 배 한 척을 마련하여 오르셨다.

예수님께서 제자들을 부르심

위에서 본 마가복음 3:7-12에서 많은 무리가 사방 도시에서와 외국 도시에서 예수님에게로 몰려왔다(온 세계에서 몰려옴을 상징함). 예수님은 하나님 나라 복음을 세계의 많은 무리에게 전해야 하는 사명을 이어나갈 제자들, 즉 예수님께서 원하시는 12제자들을 부르셨다.

제자들이 예수님을 선택하신 것이 아니라, 예수님께서 제자들을 선택하셨다. 예수님은 그들의 신분, 외관, 용모, 능력, 교양을 보시지 않으시고, 그들의 가슴(마음)이 올바르고 말씀에 순응하는 사람들을 부르셨다. 순응하는 마음이란 예수님께 택함을 받아, 가서 열매를 맺게 하고, 또 그들의 열매가 항상 있게 하여 예수님의 이름으로 아버지께 무엇을 구하든지 다 받게 하려는(요 15:16) 범주에 속하는 것을 말한다.

제자들은 예수님의 부르심을 받고, 전에 하던 것을 버리고, 예수님께 나아온 자들이다. 베드로는 모든 것을 버리고 주를 따랐으며(막 10:28), 야고보와 요한도 배들을 육지에 대고 모든 것을 버려두고 예수님을 따랐으며(눅 5:11), 예수님께서 레위라는 세리가 세관에 앉아 있는 것을 보시고 "나를 따라 오너라"하고 말씀하시자, 레위는 모든 것을 버려두고, 예수님을 따랐다.(눅 5:27-28)

예수님은 누가복음 9:23-24에서 "또 무리에게 이르시되 아무든지 나를 따라오려거든 자기를 부인하고 날마다 제 십자가를 지고 나를 따를 것 이니라 누구든지 제 목숨을 구원하고자 하면 잃을 것이요 누구든지 나를 위하여 제 목숨을 잃으면 구원하리라"라고 하시고, 누가복음 14:33에서 "이와 같이 너희 중의 누구든지 자기의 모든 소유를 버리지 아니하면 능히 내 제자가 되지 못하리라"라고 하셨다. 예수님은 모든 것을 버리고 예수님을 따른 자들이 받을 축복을 누가복음 18:29-30에서 말씀하시기를 "이르시되 내가 진실로 너희에게 이르노니 하나님의 나라를 위하여 집이나 아내나 형제나 부모나 자녀를 버린 자는 현세에 여러 배를 받고 내세에 영생을 받지 못할 자가 없느니라"라고 하셨다.

예수님께서 제자들을 부르신 3가지 목적

예수님께서 제자들을 부르신 것은 3가지 특수한 목적을 위해서였다.

첫째, 예수님과 함께 있게 하시려고: 예수님께서 제자들을 자기와 함께 있게 하시려는 것이다. 이것은 예수님께서 제자들과 함께 하시기를 원하시는 임마누엘 신앙을 말씀하고 있다. 이사야 43:10에서 하나님은 "나 여호와가 말하노라 너희는 나의 증인, 나의 종으로 택함을 입었나니 이는 너희가 나를 알고 믿으며 내가 그인 줄 깨닫게 하려 함이라 나의 전에 지음을 받은 신이 없었느니라 나의 후에도 없으리라"라고 하셨다.

둘째, 내 보내어서 말씀을 전파하게 하시려고: 제자들은 내 보내어서 말씀을 전파하게 하는 말씀 선포의 사명을 말씀하고 있다. 제자들이 보내심을 받는 것은 예수님의 대사의 직분을 받아(고후 5:20), 예수 그리스도의 메신저로서, 다니면서 하나님 나라가 가까이 왔음을 세상에 선포하는 것이다(마 10:7). 예수님은 부활하신 후에 11제자에게 나타나셔서 말씀하시기를 "너희는 온 천하에 다니며 만민에게 복음을 전파하라"(막 16:15)라고 하셨다. 예수님은 사도행전 1:8에서 "오직 성령이 너희에게 임하시면 너희가 권능을 받고 예루살렘과 온 유대와 사마리아와 땅 끝까지 이르러 내 증인이 되리라"라고 하셨다. 사도행전 26:16에서 주님은 사울(바울)에게 "일어나 너의 발로 서라 내가 네게 나타난 것은 곧 네가 나를 본 일과 장차 내가 네게 나타날 일에 너로 종과 증인을 삼으려 함이니"라고 하셨다. 바울은 고린도전서 9:16에서 "내가 복음을 전할지라도 자랑할 것이 없음은 내가 부득불 할 일임이라 만일 복음을 전하지 아니하면 내게 화가 있을 것이로다"라고 했다. 베드로와 요한은 사도행전 4:20에서 "우리는 보고 들은 것을 말하지 아니할 수 없다"라고 했다.

셋째, 질병 치유와 축귀 권능을 갖게 함으로써 말씀(하나님 나라)을 증언하기 위해: 질병을 치유하고(KJV만 질병 치유 내용이 있음) 귀신을 내쫓는 권능을 가지게 하여 말씀을 증언하게 하심으로써, 하나님 나라가 이 땅에 확장되게 하시려는 것이다. 예수님께서 열두 제자를 불러 모으시고, 그들에게 모든 귀신을 제어하고 병을 고치는 능력과 권능을 주셨다(눅 9:1).

마태복음 10:1에서 "예수께서 그의 열두 제자를 부르사 더러운 귀신을 쫓아내며 모든 병과 모든 약한 것을 고치는 권능을 주시니라"라고 했다. 제자들이 예수님에게로부터 권능(power)과 권세(authority)

를 받은 것은, 그들은 예수 그리스도의 이름으로 보냄을 받았기 때문이다. 귀신을 쫓아내며 질병을 치유하는 권능이 주어진 것은 그리스도가 진실로 하나님의 아들이심을 증언하기 위한 것이다(마 9:6; 요 10:25-26). 제자들은 예수님과 예수님이 전하는 복음(말씀)이 진리임을 선포하고, 제자들은 자신들에게 주어진 권능으로 그 선포를 증언하고 있다. 기적이 나타남으로 가르치고자하는 중요한 것은, 하나님은 진실로 "지금" "여기서" 우리를 육체적으로 돌보시고 사랑하신다는 것이다. 하나님의 돌보심은 미래를 위해서 그리고 우리의 영적인 복지를 위하시는 것뿐만 아니라 "지금" "여기에서" 우리의 구원을 위한 것이다(눅 10:19-20).

마태복음 10:7-8에서 예수님은 제자들(사도들)이 해야 할 중요한 분야는 이중적인 것으로, 하나는 하나님 나라(말씀)를 전하는 일이며, 다른 하나는 사역(목회)하는 일, 즉 표적을 통하여 말씀을 증언 하는 일임을 말씀하고 있다. 그리스도는 권능과 권세를 제자들에게 거저(공짜로) 주었으니, 제자들도 거저 주라고 하셨다. 특별한 사역을 위해 특별한 보상을 받지 말라는 것이다.

예수님은 제자들에게 "병든 자를 고치며 죽은 자를 살리며 나병환자를 깨끗하게 하며 귀신을 쫓아내(라)"고 하심으로서, 제자들의 사역 분야는 주로 4가지임을 말씀하고 있다(마 10:8).

첫째로, 제자들은 병든 자를 고쳐주어야 했다. 많은 사람들은 육체적으로 병들고, 상처받고, 고통하고 있다. 어떤 이들은 먹을 것도 없고, 입을 것도 없고, 살 집도 없다. 어떤 이들은 무력하여 싸워나갈 의지를 상실하고 있다. 사람들은 희망도 없고 무력하여, 낙심하고 우울함에 빠져있다. 사람들은 복음의 말씀이 필요하며, 치유가 필요하다.

둘째로, 제자들은 죽은 자를 살려야 했다. 예수님께서 부활하시기 전에 제자들(사도들)이 죽은 자들을 살린 기록은 없다. 그러나 제자들은 하나님께서 사용하셔서 많은 사람들을 영적인 삶으로 일어나게 하셨다. 사람들은 죄로 죽었다고 성경은 말씀하고 있다(엡 2:1). 제자들은 그리스도의 권능을 설교하고 사람들을 영원한 생명으로 일어나도록 해야 했다.

셋째로, 제자들은 나병환자를 깨끗하게 해야 했다. 제자들은 실제적인 질병(나병)을 가진 자를 깨끗이 고쳐주어야 했다. 나병은 또한 일종의 불결함을 나타내기에, 죄의 상징이다. 제자들은 그리스도의 권능을 설교하고 죄로 오염된 삶을 깨끗하게 해야 했다.

넷째로, 제자들은 귀신들 쫓아내어야 했다. 귀신 들였다는 것은 악한 세력에 사로잡혔다는 것이다. 사람들이 악령에 사로잡혔다는 것은, 사람들은 더 이상 자신의 삶을 통제할 수 없다는 것이다. 제자들은 그리스도의 권능을 설교하고 악한 영으로부터 사람들을 구해야 했다.

예수님은 먼저 하나님 나라(복음)를 선포하고, 그리고 치유 사역과 축귀사역을 통해서 하나님 나라(복음)를 증언하라는 것이다.

예수님은 누가복음 10:19-20에서 "내가 너희에게 뱀과 전갈을 밟으며 원수의 모든 능력을 제어할 권능을 주었으니 너희를 해칠 자가 결코 없으리라 그러나 귀신들이 너희에게 항복하는 것으로 기뻐하지 말고 너희 이름이 하늘에 기록된 것으로 기뻐하라"라고 말씀하셨다.

예수님은 그리스도인의 기쁨의 근본은 권능에 있는 것이 아니라, 구원에 있음을 말씀하고 있다. 믿는 자의 가장 위대한 특권은 업적과 사역에 있는 것이 아니라, 믿는 자는 하나님의 자녀로서 영원한 생명을 받은 것임을 분명이 하고 있다. 말하자면 믿는 자가 그리스도가 주신 권능과 권세로 행하게 되는 치유 사역과 축귀 사역은 말씀을 증언하기 위한 것임을 분명히 하고 있다.

하나님 나라 확장

예수님의 말씀은, 축귀사역과 치유사역이 일어나는 곳에는 이미 하나님 나라가 임하였음을 말씀하고 있다. 예수님은 "하나님 나라의 일을 이야기하시며 병 고칠 자들은 고치시더라"(눅 9:11)라고 하시고, "하나님의 손을 힘입어 귀신을 쫓아낸다면 하나님의 나라가 이미 너희에게 임하였느니라"(눅 11:20)라고 말씀하셨다. 치유와 축귀 등 능력 사역으로 말씀(하나님 나라의 복음)이 증언 되는 곳에는 하나님 나라가 확장됨을 말씀하고 있다. 세례자 요한의 제자들이 예수님에게 "오실 그이가 당신이오니이까, 우리가 다른 이를 기다리오리이까?"라고 질문을 했다. 예수님께서 대답하시기를 "맹인이 보며 못 걷는 사람이 걸으며 나병환자가 깨끗함을 받으며 못 듣는 자가 들으며 죽은 자가 살아나며 가난한 자에게 복음이 전파된다 하라"(마 11:1-3)라고 하셨다.

예수님의 말씀의 핵심은 능력사역을 통한 표적으로 말씀이 증언됨으로써 "복음이 전파된다 하라"는 것, 즉 하나님 나라가 확장된다는 것이다.

마가복음 3:13-15에서 말씀하는 예수님께서 제자들을 부르신 목적도: "말씀선포+표적(축귀)사역으로 말씀증언⇒하나님 나라 확장"이었다.

2. 중풍병자의 치유와 하나님 나라 확장

(마가복음 2:1-12; 마태복음 9:2-8; 누가복음 5:17-26)

중풍병자의 배경

예수님께서 여러 달 동안 온 갈릴리에 다니시며 여러 회당에서 말씀을 전하시며 능력사역을 하시다가(막 1:39), 가다라 지방에서 떠나서(마 8:34), 가버나움으로 돌아오셨다. 가다라 지방 사람들은 예수님께서 떠나시기를 간청했다(예수님께서 귀신들이 돼지에게로 들어가도록 허락함으로서 온 떼가 바다 물에서 몰사한 사건이 있은 곳). 예수님께서 그들의 지역으로 다시 오셨다는 기록은 전연 없다. 예수님의 가다라 경험은 모든 사람, 모든 도시, 모든 국가에게 주는 경고이기도 하다. 예수님은 원하지 않는 곳에는 억지로 가시지 않으신다는 것이다. 가다라 지방의 사건은 예수님을 간절히 원하는 가버나움의 중풍병자와 그를 운반하는 4사람들의 경험과는 아주 대조적이다.

예수님의 말씀사역 여행은 약 12개월 동안 계속되었다. 예수님께서 가버나움 어떤 집에 계신다는 말이 퍼지자, 많은 사람들이 모여들어서, 문 앞에조차도 들어설 자리가 없었다. 병 고침 받기 위해 온 사람도 있을 것이고, 호기심으로 온 사람도 있을 것이다. 예수님께서 하신 주된 하나님의 일은 그들에게 먼저 "도를(말씀을)" 선포하시는 것이었다. 그들은, 말씀 없이는, 영원히 잃어버린 자들이었다.

중풍병자와 4친구의 위대한 믿음

그 때 4사람이 한 중풍병자를 예수님에게로 데리고 와서, 사람들이 너무 많아, 예수님이 계신 곳 위의 지붕을 걷어 내고, 구멍을 뚫어서, 중풍병자가 누워 있는 자리를 달아 내렸다.

중풍병자는 불구자요 무력하기에 희망이 없었다. 중풍병자는 예수님께서 오신다는 말씀을 듣고 예수님께 오기위해 도움이 절실히 필요했다. 4친구는 중풍병자를 단순한 친구로 보다 지극히 존귀하게 생각했음에 틀림없다. 왜냐하면 그들은 이 친구를 예수님에게로 데리고 올 사명을 가지고 지붕에까지 구멍을 뚫어서 그가 누워 있는 자리를 예수님 앞으로 달아 내린 수고를 아끼지 않았기 때문이다. 그들은 질서를 지켜 순서를 기다리지 않고 무례하게 굴었다. 절망적이기 때문이다. 예수님은 예절이나 의식에 얽매이지 않으셨다. 예수님의 긍휼은 예절이나 의식을 초월하셨다.

분명한 것은 용서받기(치유받기) 위한 선행조건은 예수님에게로 오는 것이다. 용서(치유)를 받으려면 다른 사람들에 의해 들려왔어도, 예수님에게로 와야 한다. 이사야 1:18에서 "여호와께서 말씀하시되 오라 우리가 서로 변론하자 너희의 죄가 주홍 같을지라도 눈과 같이 희어질 것이요 진홍 같이 붉을지라도 양털 같이 희게 되리라"라고 하시고, 이사야 55:1에서 "오호라 너희 모든 목마른 자들아 물로 나아오라 돈 없는 자도 오라 너희는 와서 사 먹되 돈 없이, 값없이 와서 포도주와 젖을 사라"라고 하시고, 마태복음 11:28에서 예수님께서 "수고하고 무거운 짐 진 자들아 다 내게로 오라 내가 너희를 쉬게 하리라"라고 하셨다.

중풍병자와 그의 4친구는 예수님의 권능(power)을 믿는 진지하고도 포기할 줄 모르는 믿음을 갖고 있었다. 그들의 믿음은 예수님께서 "아마도" 고칠 수 있으리라는 것이 아니라, 예수님은 치유하실 수 있고, 치유해 주시리라 믿었다. 그들은 예수님의 권능을 확신하기에 지붕까지도 뚫어서 중풍병자의 자리를 예수님 앞으로 달아 내리는 무례하고 별난 행동도 마다하지 않았다. 4친구들의 행동은 말로 하는 것보다 더 큰 반응을 불러 일으켰다. 그들은 말은 한마디도 하지 않고, 오로지 중풍병자를 예수님에게로 데리고 온 것이다. 행동으로 나타날 때 말이 필요 없는 것이다. 믿음은 말이 아니라, 행동이다(약 2:20).

모든 인간들은 영적으로 불구자요 병든 자이다. 우리도 불구자들을 참고 견디며 그리스도에게로 데려와야 한다. 우리도 불구자들을 치료해 주시는 예수님의 권능을 믿어야 한다. 우리는 우리의 친구들을 구원할 수 없지만, 그들이 구원을 받도록 예수님께로 데리고 올 수는 있다.

예수님은 귀신들린 아들의 아버지에게 "할 수 있거든이 무슨 말이냐 믿는 자에게는 능히 하지 못할 일이 없느니라"(막 9:23)라고 하셨다. 바울은 "너희가 짐을 서로 지라 그리하여 그리스도의 법을 성취하라"(갈 6:2)라고 했다.

예수님은 중풍병자의 죄를 사하시고 중풍병자를 치유하심

중풍병자가 최고로 필요한 것은 죄를 용서받는 일이었다. 예수님께서 중풍병자와 4친구의 믿음을 보시고, 중풍병자에게 "작은 자야 네 죄 사함을 받았느니라"(막 2:5)라고 하시고, 그의 죄를 용서하셨다. 예수님은 중풍병자의 죄의 용서를 선포하셨다. 그 사람의 죄를 용서하는 것은 그를 치유하시는 것보다 훨씬 중요했다. 그리고서 예수님은 "인자가 땅에서 죄를 사하는 권세가 있는 줄을 너희로 알게 하려 하노라"라고 하시고, 중풍병자에게 말씀하시기를 "내가 네게 이르노니 일어나 네 상을 가지고 집으로 가라"(막 2:10-11)라고 하셨다. 중풍병자가 일어나 집으로 돌아갔다. 건전한 육체(육체적 치유)는 몇 년 동안의 삶을 보장하지만, 건전한 영혼(죄의 용서로 영적 치유)은 영원한 삶을 보장한다. 예수님의 죄의 용서는 바로 육체적 치유를 동반했다.

예수님은 중풍병자의 죄를 먼저 용서하셨다. 용서를 선포하심으로써, 예수님은 인간의 삶에서 중요한 것은 인간이 죄의 용서를 구하는 것이라는 것을 가르치셨다. 예수님은 인간이, 몇 년 동안이 아니라, 영원히 살기를 원하셨다.

사람이 용서를 받기 위해 예수님에게로 올 때, 예수님은 그 사람의 과거의 죄를 비난하지 아니하셨다. 무엇 때문에 왔는지, 왜 왔는지, 어디서 왔는지 따지지 않으신다. 그 사람을 용서하시기를 주저하시지 않으신다.

예수님께서 "작은 자야 네 죄 사함을 받았느니라"(막 2:5)라고 하셨다. 예수님께서 자기 무릎아래 꿇어앉은 중풍병자를 "작은 자야"라고 하심으로서, 마치 어린 아들을 보시는 마음으로 말씀하고 있다. 인간이 예수님에게로 올 때, 예수님은 긍휼하고, 부드럽고, 애정 어리고, 사랑스럽고, 격려하며, 확신하며, 용서하는 말씀으로 그를 대해 주신다. 예수님은 자기 자신의 권세와 권능으로, 예수님 자신의 이름으로, 예수님 자신이 죄의 용서를 선포하시고 치유하시는 것이다.

중요한 것은 예수님은 하나님이시며, 하나님의 아들이심을 선포하신 것이다. 그래서 예수님은 마태복음 26:28에서 "이것은 죄 사함을 얻게 하려고 많은 사람을 위하여 흘리는 바 나의 피 곧 언약의 피니라"라고 하시고, 바울은 에베소서 1:7에서 "우리는 그리스도 안에서 그의 은혜의 풍성함을 따라 그의 피로 말미암아 속량 곧 죄 사함을 받았느니라"라고 했다.

율법학자들의 문제 제기

율법학자들이 마음속으로 "이 사람이 하나님을 모독하는구나. 하나님 한 분 밖에, 누가 죄를 용서할 수 있는가?"(막 2:6-7)라고 의아하게 생각했다. 예수님이 죄를 용서 할 수 없다고 생각한 것은 종교주의자들(religionists)이었다.

예수님은 그들에게 "인자가 땅에서 죄를 사하는 권세가 있는 줄을 너희로 알게 하려 하노라"(막 2:10)라고 말씀하시고는. 중풍병자에게 "일어나 네 상을 가지고 집으로 가라"(막 2:11)라고 명령하셨다. 그러자 중풍병자가 일어나서, 곧바로 모든 사람이 보는 앞에서 자리를 거두어 가지고 나갔다.

예루살렘에 있는 산헤드린(Sanhedrin)은 갈릴리에 있는 선지자(예수)가 특이한 사역을 한다는 소문을 들었을 것이다. 산헤드린은 B.C. 2세기부터 A.D. 1세기 까지 존재하고 있었다. 산헤드린은 포로 후기에 예루살렘에 있던 71명의 회원들로 구성된 최고의 유대교적

평의회, 또는 23명의 회원들로 구성된 하급 법정들을 말한다. 나사렛 예수라는 분이 믿기 어려운 기적을 행하고 하나님 나라에 대해 가르치고 있다고 하니, 조사단을 파견하여 예수라는 분이 잘못된 가르침으로 사람들을 오도하고 있는지 조사하라고 했을 것이다. 서기관들이 예수님이 사람의 죄를 용서한다는 것을 들었을 때, 그들은 즉시 그들의 마음속에 이 사람이 신성모독을 하는구나 하고 생각했다. 죄를 용서한다니? 하나님만이 하실 수 있는 일을…? 자기가 하나님인가? 약속된 메시아라고? 대부분의 사람들과 유대 종교는 예수님을 선지자나 위대한 인물로 보았다. 그래서 죄를 용서할 권리와 권능이 없다고 생각했다. 그런데, 예수님이 하나님의 아들로서 죄를 용서한다는 것을 발견했을 때 그들은 의아하게 생각했을 것이다.

예수님께서 종교주의자들의 거부하는 생각을 아시고 "너희가 어찌하여 마음에 악한 생각을 하느냐?"(마 9:4)라고 하심으로서, 예수님의 신성을 거부하는 것은 악하다고 하셨다.

예수님은 "네 죄 사함을 받았느니라 하는 말과 일어나 걸어가라 하는 말 중에 어느 것이 쉽겠느냐 그러나 인자가 세상에서 죄를 사하는 권능이 있는 줄을 너희로 알게 하려 하노라"라고 하시고, 중풍병자에게 말씀하시되 "일어나 네 침상을 가지고 집으로 가라"라고 하셨다. 중풍병자가 일어나 집으로 돌아갔다.

예수님은 어떤 것을 행하는 것(to do)보다 말로 하는 것(to say)이 훨씬 쉽다고 하시고, 자신의 신성을 단순히 말로만이 아니라 행동으로 (치유하시는 행동으로) 증언하셨다. 예수님은 말로만 하는 것은 불충분하기에 행동이 필요함을 인정하셨다. 그러기에 예수님의 목적은 인자가 죄를 용서할 권능을 가졌음을 보여주신 것이다. 하나님은 모든 심판 즉 사람을 용서하고 정죄하는 심판을 예수님의 손에 위탁하셨다.

예수님은 요한복음 5:22-23에서 "아버지께서 아무도 심판하지 아니하시고 심판을 다 아들에게 맡기셨으니 이는 모든 사람으로 아버지를 공경하는 것 같이 아들을 공경하게 하려 하심이라 아들을 공경하지 아니하는 자는 그를 보내신 아버지도 공경하지 아니하느니라"라고 말씀하셨다. 요한복음 11:25-27에서 예수님은 마르다에게 "나는 부활이요 생명이니 나를 믿는 자는 죽어도 살겠고 무릇 살아서 나를 믿는 자는 영원히 죽지 아니하리니 이것을 네가 믿느냐"라고 물으셨다. 마르다는 "주여 그러하외다 주는 그리스도시요 세상에 오시는 하나님의 아들이신 줄 내가 믿나이다"라고 답했다.

예수님은 자신을 "인자"라고 하심

예수님은 "인자가 세상에서 죄를 사하는 권능이 있는 줄을 너희로 알게 하려 하노라"(막 2:10; 마 9:6)라고 선포하셨다. 예수님은 "내"가 라고 하지 않으시고, "인자"가 라고 하시고, "인자"는 세상에서 죄를 사하는 권능이 있다고 하셨다.

예수님은 자신이 메시아라는 것을 증명할 독특한 기회를 가지신 것이다. 예수님은 보통 사람, 즉 사람의 아들일 뿐만 아니라, 모든 사람의 이상인 "인자(the Son of Man)"이시다. 예수님은 대표적인 사람, 온전한 사람, 이상적인 사람의 구체화이시다. 예수 그리스도는 사람의 완전한 그림이시다.

"인자"란 사람을 섬기는 이상적인 분임을 뜻한다. 인자는 가난한 자, 포로 된 자, 비탄에 잡힌 자, 눈먼 자, 상처받은 자, 소외된 자, 사별한 자(눅 4:18)를 위로하고 긍휼히 여기시고 돌보시고 치유하시는 분임을 강조하고 있다. 예수님은 마태복음 20:28에서 "인자가 온 것은 섬김을 받으려 함이 아니라 도리어 섬기려 하고 자기 목숨을 많은 사람의 대속물로 주려 함이니라"라고 하셨다.

"인자"이신 예수님은 요한복음 1:14에서 "말씀이 육신이 되어 우리 가운데 거하시매 우리가 그의 영광을 보니 아버지의 독생자의 영광이요 은혜와 진리가 충만하더라"라고 말씀하신 그런 분이시다. "인자"이신 예수님은 골로새서 2:9-10에서 "그 안에는 신성의 모든 충만이 육체로 거하시고 너희도 그 안에서 충만하여졌으니 그는 모든 통치자와 권세의 머리시라"라고 말씀하신 그런 분이시다. 그리고 "인자"이신 예수님은 히브리서 1:3에서 "이는 하나님의 영광의 광채시요 그 본체의 형상이시라 그의 능력의 말씀으로 만물을 붙드시며 죄를 정결하게 하는 일을 하시고 높은 곳에 계신 지극히 크신 이의 우편에 앉으셨느니라"라고 말씀하신 그런 분이시다. 인자이신 예수님은 요한복음 6:38에서 "내가 하늘에서 내려온 것은 내 뜻을 행하려 함이 아니요 나를 보내신 이의 뜻을 행하려 함이니라"라고 하심으로서, 예수님은 하나님 아버지의 뜻을 이 땅에서 이루려 하시는 분임을 말씀하셨다.

예수님은 자신을 "인자"라고 80여 번이나 말씀하심으로 예수님이 애호하는 명칭이다. "인자"란 명칭은 아마도 다니엘서 7:13-14의 다음과 같은 말씀에 바탕을 두고 있는 것 같다. "내가 또 밤 환상 중에 보니 인자 같은 이가 하늘 구름을 타고 와서 옛적부터 항상 계신 이에게 나아가 그 앞으로 인도되매 그에게 권세와 영광과 나라를 주고 모든 백성과 나라들과 다른 언어를 말하는 모든 자들이 그를 섬기게 하였으니 그의 권세는 소멸되지 아니하는 영원한 권세요 그의 나라는 멸망하지 아니할 것이니라."

하나님 나라가 확장되다

예수님은 먼저 가버나움에 모인 많은 사람들에게 말씀을 전하시고, 자신을 "인자"라고 말씀하시고, 먼저 중풍병자의 죄를 용서하시고(영적 치유), 그리고 중풍병자를 치유하시는(육적 치유) 표적을 통해서 말씀을 증언하셨다. 그 결과 사람들은 모두 크게 놀라서 하나님을 찬양하고 이런 권세를 주신 하나님께 영광을 돌렸다고 했다. 하나님 나라가 가버나움에서 확장된 것이다.

예수님께서 죄를 용서하시는 권능을 가지신 증거는 예수님은 중풍병자에게 단순히 "일어나" "걸어라"라고 말씀하시자, 그는 일어나 걸었다. 예수님의 말씀에는 권능이 있었다. 예수님의 뜻은 예수님의 말씀이요, 예수님의 말씀은 예수님의 뜻이었다. 예수님께서 죄를 용서할 뜻이 계셨기에, "네 죄 사함을 받았느니라"라고 말씀만 하셨다. 죄는 용서 된 것이다.

베드로전서 2:24에서 "친히 나무에 달려 그 몸으로 우리 죄를 담당하셨으니 이는 우리로 죄에 대하여 죽고 의에 대하여 살게 하려 하심이라 그가 채찍에 맞음으로 너희는 나음을 얻었나니"라고 하셨다.

예수님은 가버나움에서 "말씀선포+중풍병자 치유(영적, 육적)를 통한 말씀 증거➡하나님 나라 확장"의 방법(패턴)으로 하나님 나라를 확장하셨다.

3. 맹인 바디매오의 치유와 하나님 나라 확장(누가복음 18:35-43)

바디매오의 배경

누가복음의 저자인 헬라인 의사 누가는 예수님께서 맹인 바디매오의 눈을 뜨게 하여 보게 하심으로써 바디매오와 백성들이 하나님을 찬양하는 이야기를 하고 있다.

예수님께서 예루살렘으로 가시기 위해 17마일 거리에 위치하고 있는 여리고 가까이 가고 있었다. 하나님은 이 세상을 구원하시기 위해 아들 예수님을 보내셨다. 예수님은 그 목적을 달성하시기 위해 십자가를 지시려고 예루살렘으로 가고 있었다.

누가는 예수님께서 여리고 가까이 가셨을 때 바디매오라고 하는 맹인이 길 가에 앉아 구걸하고 있었다고 했다. 마태와 마가는 바디매오 사건은 예수님께서 "여리고에서 떠나 갈 때에"(마 20:29; 막 10:46)라고 했다. 여리고에는 구 여리고가 있었고, 헤롯왕이 건설한 신 여리고가 있었다. 마태와 마가는 예수님께서 구 여리고 혹은 신 여리고를 떠나시는 것을 말하고, 누가는 반대로 예수님께서 (구 여리고를 떠나서) 신 여리고로 가까이 가시는 것을 말하고 있다 하겠다.

맹인 바디매오 사건에 대해 3복음서는 조금 다르게 표현하고 있음을 본다. 마태는 맹인 두 사람이라 하고, 마가와 누가는 맹인 한 사람이라고 했다. 누가는 "한 맹인"이라 했는데, 마태는 "맹인 두 사람"(마 20:30)이라 하고, 마가는 "맹인 거지 바디매오가"(막 10:46)라고 함으로써, 그 맹인의 이름이 "바디매오"임을 말하고 있다. 아마도 마가와 누가는 맹인 바디매오 한 사람을 강조하여 말 한 것 같다. 그렇지만 실제로 그 때 상황은 분명치 않다.

예수님과 제자들이 여리고에 가까이 가셨을 때, 맹인 바디매오는 길 가에 앉아 구걸하고 있었다. 바디매오는 거지요 맹인이라 절망적으로 도와 달라고 구걸하고 있었다. 그는 수년간 혹은 일생동안 맹인으로 살았기에, 볼 수 있는 희망은 전연 없었다. 그가 아는 것은 만져서 느끼는 것과 먹어보고 맛을 감지하는 것과 듣고서 아는 것뿐이었다. 지금 앉아 있는 자리에도 누군가가 그를 그 곳에 데리고 왔을 것이다. 그는 넘어지고 자빠지면서 평생을 어둠속에서 헤매는 운명이었다. 가장 비참한 것은 그의 마음속에 평생을 어둠의 세계에서 살면서, 정상적인 상태의 사람들과는 삶을 함께 누릴 수 없을 것이라는 생각일 것이다.

바디매오는 가난하기에 평생을 거지로서 굴욕적인 구걸하는 삶을 살아가야 했다. 그는 자기를 관심을 가지고 도와줄 가족도 친구도 사회단체도 없었다. 그는 소외된 상태에서 고독하게 혼자서 생존을 위한 투쟁을 해야만 했다. 그는 잠자기 위한 침대도 없었으며, 배고픔을 채울 양식도 없었으며, 아플 때 치료해줄 약도 가져다주는 사람이 없었다.

"다윗의 자손 예수여 나를 불쌍히 여기소서"(눅 18:36-38)

바디매오는 많은 사람들이 지나가면서 하는 소리를 들었다. 그 길은 여리고로 통하는 중요한 상업 도로였다. 낮에는 세계 도처에서 순례자들이 몰려와서 분위기는 소란스러웠다. 갑자기 바디매오는 큰 무리의 군중이 지나가는 소리를 들었다. 바디매오는 그들 군중들에게 무슨 일이 일어났느냐고 물어 보았다. 사람들이 나사렛 사람 예수님께서 지나가신다고, 그에게 일러주었다.

바디매오는 나사렛 예수님에 관한 이야기를 들어왔다. 그 분에 관한 이야기를 믿고 있었다. 분명히 맹인 바디매오는 나사렛 예수님을 만나면, 자기의 비극적인 운명을 바꾸어 주시리라 생각하고 있었을 것이다. 그러기에 바디매오가 나사렛 예수가 지나가신다는 말을 듣자마자, "다윗의 자손 예수여 나를 불쌍히 여기소서!"하고 소리를 질렀다. 바디매오는 예수님께서 그 길을 지나가시리라는 가능성을 생각하고 있었던 것 같다. 비록 그는 보지는 못하지만, 메시아가 오신 것을 소문을 듣고 믿고 있었을 것이다. 어느 정도인지는 몰라도 그의 마음속에는 믿음이 꿈틀거리고 있었을 것이다.

예수님을 메시아로 인정함

바디매오는 예수님을 "다윗의 자손"이라고 부름으로서 예수님을 메시아로 인정했다. 예수님께서 율법학자들에게 "사람들이 어찌하여 그리스도를 다윗의 자손이라 하느냐"라고 물으셨을 때도 "다윗의 자손"이란 표현을 사용하셨다. "다윗의 자손"이란 메시아란 칭호이다. 마태복음 12:22-23을 보면, 사람들이, 귀신이 들려서 눈이 멀고 말을 못 하는 사람 하나를 예수님께 데리고 왔는데, 예수님께서 그를 고쳐 주시니, 그가 말을 하고, 보게 되었다. 사람들이 다 놀라서 말하기를 "이는 다윗의 자손이 아니냐?"라고 했다. 유대인들은 여러 세대를 내려오면서 약속된 이스라엘의 구원자를 기다리고 있었다. 그들은 그 구원자가 이스라엘 국가를 회복하고 이스라엘의 위대함을 나타내기를 기대하고 있었다. 그들은 다윗의 보좌, 즉 "다윗의 자손"으로부터 그 구원자(메시아)가 세계의 국가들과 백성들을 심판하고 다스린다고 믿었다.

바디매오에게 "다윗의 자손"은 단순히 이스라엘의 구원자 이상의 분으로, 바로 하나님 자신의 아들을 의미했다. 바디매오는 자신이 이해하는, 자신이 가진 지식으로 "다윗의 자손 예수여!"라고 예수님을 외쳐 불렀다. 사도행전 17:27에 보면, 사람이 하나님을 더듬어 찾기만 하면, 만날 수 있을 것이라고 하고, 사실, 하나님은 우리 각 사람에게서 멀리 떨어져 계시지 않는다고 했다. 시편 105:4에서 "여호와와 그의 능력을 구할지어다 그의 얼굴을 항상 구할지어다"라고 했듯이, 바디매오는 예수님의 능력을 구하고 그의 얼굴을 구한 것이다.

예수님의 긍휼을 부르짖음

바디매오는 예수님을 부르고서, 절망적인 상태에서 "나를 불쌍히 여기소서!"라고 함으로서, 이 맹인은 예수님에게 긍휼을 부르짖었다. 그는 눈멀고 가난하기 때문에 생존을 위해 부르짖어야 했다. 그러나 그는 음식이나 옷이나 누울 자리 같은 삶의 기본적으로 필요한 것은 구하지 않았다. 그의 관심은 자신의 삶 자체, 즉 자신의 생명적인 것에 하나님의 긍휼을 구한 것이다. 바디매오의 부르짖음은 시편 27:7에서 "주님, 내가 주님을 부를 때에, 들어 주십시오. 나에게 은혜를 베풀어 주시고, 응답하여 주십시오."(표준새번역)라는 부르짖음이었으며, 시편 6:2-3에서처럼, "주님, 내 기력이 쇠하였으니, 내게 은혜를 베풀어 주십시오. 내 뼈가 떨리니, 주님, 나를 고쳐 주십시오. 내 마음은 걷잡을 수 없이 떨립니다. 주께서는 언제까지 지체하시렵니까?"(표준새번역)라고 하는 부르짖음이었다.

바디매오는 끈질겼다

바디매오는 포기하지 않고 끈질기게 예수님의 긍휼을 요구했다. 앞서 가던 사람들이 조용히 하라고 그를 꾸짖었으나, 그는 더욱더 크게 "다윗의 자손이여 나를 불쌍히 여기소서!"하고 외쳤다. 예수님과 함께 있는 사람들이 바디매오를 꾸짖었다. 그를 조용히 하라고 하고, 예수님에게 부르짖지 못하게 했다. 그는 맹인이기에 사람들을 뚫고 예수님 가까이 가지를 못했기에, 그가 할 수 있는 일은, 예수님의 주의를 끌기 위해서 고함을 지르는 수밖에 없었다. 그는 쉽게 포기할 수도 있었다. 그러나 그는 포기하지 않고, 끈질기게 예수님에게 부르짖었다.

바디매오는 더욱 크게 소리 질러 "다윗의 자손이여 나를 불쌍히 여기소서!"라고 부르짖었다. 그는 조용히 할 수도 없었고, 포기 할 수도 없었다. 예수님만이 그의 희망이기 때문에 그는 긍휼을 받을 수 있는 유일한 기회를 포기할 수 없었다. 아무도, 그 누구도 그에게 긍휼을 배품으로서, 그의 필요를 충족시켜 줄 수 없었다. 사람들은 그에게 먹을 것, 입을 것을 줄 수는 있었을 것이다. 그러나 그의 가슴의 부르짖음인 그의 눈을 뜨게 함으로써, 그의 삶(생명) 자체를 바꾸어 놓는 일은 할 수 없었다. 그의 예수님에 대한 믿음은 너무나 강하였기에, 그는 포기 할 수 없었다. 그는 주위의 난관(반대)을 극복하고, 그는 불굴의 믿음으로 더 크게, 또 더 크게 부르짖으면서, 예수님의 긍휼을, 도움을, 눈 뜨게 해 주심을 구했다.

마태복음 7:7-8에서 예수님은 "구하라 그리하면 너희에게 주실 것이요 찾으라 그리하면 찾아낼 것이요 문을 두드리라 그리하면 너희에게 열릴 것이니 구하는 이마다 받을 것이요 찾는 이는 찾아낼 것이요 두드리는 이에게는 열릴 것이니라"라고 하셨다.

바디매오가 보게 되는 기적(눅 18:40-43)

예수님께서 걸음을 멈추시고, 그를 데려오라고 분부하셨다. 그가 가까이 오니, 예수님께서 그에게 물으셨다. "내가 네게 무엇을 해주기를 바라느냐?" 바디매오가 말하기를 "주님, 내가 다시 볼 수 있게 해주십시오!"라고 했다. 예수님께서 그에게 말씀하시기를 "눈을 떠라. 네 믿음이 너를 구원하였다."라고 하셨다.

바디매오의 끈질긴 부르짖음은 예수님의 발을 멈추게 했으며, 예수님으로 하여금 귀를 기울이게 했다. 예수님은 부르짖음의 소리를 들으시고, 발을 멈추시고, 주위를 살펴보시고, 멈추어선 사람들 사이에서 "다윗의 자손이여 나를 불쌍히 여기소서!"라고 부르짖는 사람을 찾아서 데려오라고 하셨다. 바디매오의 끈질긴 구함(기도)이 응답되기 시작하는 장면이다. 바디매오의 끈질김은 예수님의 관심을 끌었다.

바디매오는 눈을 떠서 보기를 원한다는 위대한 일을 요구했다. 믿지 못할 일이지만, 맹인 바디매오는 믿었다. 바디매오는 자기 앞에 서서 계시는 분이 소문 그대로 하나님의 권능을 가지신 바로 그 메시아임을 믿었다. 그 분 메시아는 하나님의 아들로서 무엇이든지 하실 수 있음을 믿었다. 그래서 바디매오는, 일반 사람들이 보기엔 불가능한 것, 자기의 삶에서 가장 필요한 것, 눈을 뜨게 하여 보게 해 달라고 요구했다.

마태복은 21:22에서 예수님은 "너희가 기도할 때에 무엇이든지 믿고 구하는 것은 다 받으리라 하시니라"라고 하셨다. 요한복음 14:13에서 예수님은 "너희가 내 이름으로 무엇을 구하든지 내가 행하리니 이는 아버지로 하여금 아들로 말미암아 영광을 받으시게 하려 함이라"라고 하시고, 요한복음 15:7에서도 예수님께서 "너희가 내 안에 거하고 내 말이 너희 안에 거하면 무엇이든지 원하는 대로 구하라 그리하면 이루리라"라고 하셨다.

예수님은 바디매오의 요구를 들어주시고, "보라 네 믿음이 너를 구원하였느니라!" 하시고, 바디매오의 눈을 뜨게 하여 보게 하시고, 그를 구원하셨다. 히브리서 11:6에서 "믿음이 없이는 하나님을 기쁘시게 하지 못하나니 하나님께 나아가는 자는 반드시 그가 계신 것과 또한 그가 자기를 찾는 자들에게 상주시는 이심을 믿어야 할지니라"라고 했다. 시편 37:5에서 "네 갈 길을 주님께 맡기고, 주님만 의지하여라. 주께서 몸소 도와주실 것이다."(표준새번역)라고 했다.

바디매오가 보게 되는 표적으로 하나님 나라가 확장됨 (눅 18:43)

바디매오가 보게 되는 표적으로 바디매오가 하나님께 영광을 돌리면서 예수님을 따라갔으며, 사람들은 모두 이것을 보고서, 하나님께 찬양을 드림으로서, 하나님 나라가 확장 되었다.

바디매오가 보게 됨으로서, 감사함으로 하나님께 영광을 돌렸으며,

예수님을 따르면서 용기를 가지고서 그리스도를 위해 증언했다. 요한복음 10:27에서 예수님은 "내 양은 내 음성을 들으며 나는 그들을 알며 그들은 나를 따르느니라"라고 하였듯이, 바디매오는 예수님의 음성을 듣고 따르는 예수님의 양이 되었다. 요한복음 12:26에서 예수님은 "사람이 나를 섬기려면 나를 따르라 나 있는 곳에 나를 섬기는 자도 거기 있으리니 사람이 나를 섬기면 내 아버지께서 그를 귀히 여기시리라"라고 하셨다. 바디매오는 예수님을 섬김으로서 하나님 아버지께서 그를 귀히 여기셨다.

바디매오는 하나님께 영광을 돌림으로써, 다른 사람들로 하여금 하나님을 찬양하게 함으로써, 하나님 나라가 확장 되었다. 마태복음 5:16에서 예수님은 "이같이 너희 빛이 사람 앞에 비치게 하여 그들로 너희 착한 행실을 보고 하늘에 계신 너희 아버지께 영광을 돌리게 하라"라고 말씀하셨다.

예수님은 바디매오를 보게 하시는 표적으로 예수님 자신이 하나님의 아들임을 증언하시고 바디매오와 백성이 하나님을 찬양함으로써 하나님 나라가 확장 되었다.

4. 수로보니게 여자의 귀신들린 딸의 치유와 하나님 나라
확장(마태복음 15:21-31; 마가복음 7:24-37)

예수님께서 수로보니게 여자를 만난 배경

예수님께서 이방 지역인 두로(와 시돈) 지방으로 가셔서, 어떤 집에 들어가셨는데, 아무도 그것을 모르기를 바라셨으나, 숨어 계실 수가 없었다(막 7:24). 마태복음에서는 "두로와 시돈지방으로" 들어가셨다(마 15:21)라고 하고, 마가복음에서는 "두로 지방으로" 가셨다(막 7:24) 라고 했다. 두로와 시돈은 서로 인접한 도시로서 정치적으로, 경제적으로, 사회적으로, 종교적으로 모든 것에 그 영향력을 공유했다.

두로는 베니게(페니키아)의 바위가 많은 해안 도시로서 유명한 고대 도시 중 하나로, 베니게의 수도이다. 두로는 시돈에서 남쪽으로 약 40km 정도 떨어진 곳에 위치하고 있다. 시돈은 지중해 연안의 레바논에서 세 번째 큰 도시로서 두로의 40km 북쪽에 위치하고 있다. 시돈은 수산업 혹은 고기 잡는 마을이란 뜻이다.

두로 왕 히람(B.C. 981-947)은 다윗 왕 때, 사절단과 함께 백향목과 목수와 석수를 보내어서, 다윗에게 궁궐을 지어주게 하였다(삼하 5:11; 대상 14:1). 솔로몬 왕 때 히람은 성전과 왕궁 건축을 도왔다(왕상 5:1-10). 그래서 솔로몬 왕은 히람 왕에게 갈릴리의 20개 성읍을 주었다(왕상 9:10-11).

북왕국 이스라엘의 아합 왕(B.C. 875-852)은 시돈 왕 엣 바알의 딸인 이세벨과 결혼함으로서, 그 영향으로 두로 지역도 바알과 아세라를 섬기고 예배함으로서, 이스라엘을 우상숭배의 길로 이끌었다(왕상

16:31-33). 선지자 아모스와 요엘은 두로가 이스라엘과 맺은 형제의 언약을 파기하고 이스라엘 사람들을 끌어다가, 에돔에 넘겨주었으며(암 1:9), 성전의 은과 금과 귀한 보물을 약탈해서 그들의 신전으로 가져갔으며, 유다 백성과 예루살렘 시민을 그리스 사람에게 팔아넘겼다고 힐책하고서(욜 3:5-6), 하나님께서 두로와 시돈을 멸해 버리실 것이라고 예언했다(사 23:1-17).

시돈이란 이름은 창세기에서 가나안의 장남인 시돈에서 유래된 것이다. 가나안은 함의 아들이기에, 시돈은 노아의 증손자이다(창 10:15). 창세기 10:19에 보면 "가나안의 경계는 시돈에서부터 그랄을 지나 가사까지와 소돔과 고모라와 아드마와 스보임을 지나 라사까지였더라"라고 했다.

야곱이 아들들을 모아놓고 미래에 대한 예언을 할 때(창 49장), 스불론 부족은 배가 정박하는 항구도시인 시돈에까지 이를 것이라고 했다.(창 49:13). 시돈은 가나안 연안에 있는 베니게(페니키아)인들의 첫 거주지가 되었으며, 광범위한 상업으로 큰 도시가 되었다(수 11:8; 19:28). 아셀 지파는 시돈의 주민을 포함한 가나안의 주민들을 쫓아내지 못하였음으로, 그 땅의 주민인 가나안 사람과 섞여 살게 되었다(삿 1:31). 시돈 사람을 포함한 가나안 사람들은 오랫동안 이스라엘을 압제하였으나 이스라엘이 하나님께 부르짖었으므로, 하나님께서 이스라엘을 그들의 손아귀에서 구원해 주셨다(삿 10:12).

열왕기상 11:1과 33절에 보면 솔로몬 왕은 외국 여자들을 좋아하여, 이집트의 바로의 딸 말고도, 시돈 여자를 포함한 모압 여자, 암몬 여자, 에돔 여자, 헷 여자 등 많은 외국 여자를 후궁으로 맞아들인 결과 시돈 사람의 여신인 아스다롯과 모압의 신 그모스와 암몬 자손의 신 밀곰을 섬기게 되어 하나님 앞에 범죄하게 되었다. 아합 왕도 시돈 왕 엣 바알의 딸인 이세벨을 아내로 삼았으며, 바알과 아세라를 섬기고 예배함으로서, 이스라엘을 우상숭배의 길로 이끌었다(왕상 16:31-33).

열왕기상 17:9-24에 보면, 엘리야는 시돈에 있는 사르밧 과부의 죽은 아들을 살림으로서, 사르밧 과부가 엘리야를 향해 "내가 이제야 당신은 하나님의 사람이시요 당신의 입에 있는 여호와의 말씀이 진실한 줄 아노라"라고 하는 사역도 있었다.

두로와 시돈은 가나안에 있는 성읍들이다. 가나안은 요단강 서편의 지역으로, 일반적으로 수리아와 팔레스타인의 해변 지역을 말한다. 이스라엘이 점령하기 전에는 가나안인의 땅이었다(민 13:29; 수 11:23). 하나님께서 아브라함과 그 자손에게 이 땅을 주시고자 약속 하였으며 (창 12:7; 출 6:4), 그 약속은 여호수아에 의해 성취되어 12지파에게 분배 되었다. 가나안 사람은 이스라엘 백성이 팔레스타인 지방에 거주하기 이전부터 살고 있던 몇몇 족속의 총칭이다. 그들 중에는 아모리족, 블레셋족, 베니게(페니키아. 두로와 시돈은 여기에 속한다) 족 등이 포함된다(수 13:2-4; 24:15). 그들의 조상은 B.C. 25세기경 아라비아에서 이주한 셈계 민족으로 알려져 있으며, 농경과 무역을 직업으로 삼고 있었다. 유목 생활을 하던 이스라엘은 가나안에 정착하면서 농경문화에 적응하면서 이방 종교에 영향을 받았다. 그러기에 예언자들이 우상 숭배를 경고 하였다. 이스라엘과 가나안의 대립 관계는 단순한 원수가 아니라 고대로부터 원수였다.

유대인들은 이런 이방 지역에 들어가지 않았다. 예수님은 군중들과 적대자들로부터 자유를 누리기 위해 의도적으로 북쪽지역에 있는 이방 지역(두로와 시돈지방)으로 들어가셨다. 예수님은 십자가에서 최후를 담당하시기 전에, 자기 자신과 제자들을 위해 조용한 시간이 필요했다. 예수님께서 군중들과 유대인 박해자들을 떠나서 자유를 누릴 수 있는 곳은 이방인과의 경계지역인 북쪽 지역(두로와 시돈 지역)이었다.

예수님께서 수로보니게 여자에게 행하신 기적은 이방인들을 위한 것이었다. 이 기적 사건은 세계적으로 복음을 전하려는 예시이며, 모든 장벽을 깨뜨려 버리려는 하나님의 위대한 뜻이기도 하다.

수로보니게 족속

악한 귀신 들린 딸을 둔 여자는 헬라인이요 수로보니게(혹은 가나안) 족속이었다. "수로보니게"는 영어성경 NIV에서는 "시리아 베니게(페니키아)"라고 하고 있다. 수로보니게는 팔레스타인 북부에 있는 시리아 연안 근처에 있는 베니게를 가리키는 말로서, 로마의 시리아 영에 포함되어 있음을 말한다. 이 여자를 가나안 여자라고 한 것은 베니게인들은 그들 스스로 불렀던 고대 명칭이다. 수로보니게(가나안)인과 유대인은 냉혹한 원수지간이요, 조상 대대로의 원수지간이었다. 그들은 서로 멸시하고 증오했다. 수로보니게 여자가 예수님에게 접근할 때, 예수님은 유대인으로서 수로보니게 족속과는 원수지간이라는 것을 알았을 것이다.

그러나 중요한 사실은 예수님께서 수로보니게 여자를 자기에게로 오게 했으며, 오지 못하게 하시지 않았다. 다른 사람들은 그녀와 그녀의 딸을 거부했다. 그녀와 그녀의 딸은 모든 사람들로부터 거부당하고 소외되어, 세상에 홀로 서있는 존재들이었다. 예수님은 하나님과 함께 하시기 위해서 조용히 휴식하실 필요가 있었다. 제자들은 그녀를 거부했으나(마 15:23), 예수님은 그녀를 오도록 허가 했다. 그녀는 세상으로부터 거부당하여 홀로 서있게 되었지만, 예수님은 그녀를 받아 들이셨다. 예수님은 "수고하고 무거운 짐 진 자들아 다 내게로 오라 내가 너희를 쉬게 하리라"(마 11:28)라고 하셨다.

딸을 위한 수로보니게 여자의 부르짖음

수로보니게 여자가 "주 다윗의 자손이여, 나를 불쌍히 여기소서. 내 딸이 흉악하게 귀신 들렸나이다."(마 15:22)라고 외쳤다. 수로보니게 여자는 딸을 위해 자비를 베풀어 달라고 부르짖었다. 예수님은 자비를 구하는 절망적인 부르짖음에, 그 필요가 어떤 것이든지 간에, 등을 돌린 적이 없었다. 예수님의 자비를 구하는 데는 두 가지가 필수적임을 볼 수 있다. 먼저 자비를 베풀어 달라고 부르짖어야 하고, 참된 주님이신 예수님께 부르짖어야 한다. 수로보니게 여자는 자기의 말을 들어달라고 먼저 "다윗의 자손이여"라고 부르짖었다. 그리고 수로보니게 여자는 자기 자신을 위한 것이 아니라, 흉악한 귀신들린 자기의 딸을 위해서 부르짖었다.

수로보니게 여자는 예수님을 향해 "다윗의 자손이여"라고 함으로서, 예수님은 유대인들이 기대하고 있는 위대한 다윗 왕의 후예인 메시아라는 것을 분명히 들었을 것이며, 기적을 일으키시며, 사람들을 질병으로부터 구원하시는 예수라는 분에 대해서도 들었을 것이다.

수로보니게 여자가 예수님의 주의를 기울이게 한 것은 그녀가 두 가지 품성을 지녔기 때문이었다. 첫째로 수로보니게 여자는 진정으로 그녀의 딸을 사랑했기에, 딸의 문제를 자기 자신의 문제처럼 생각했기 때문이다. 그녀의 사랑은 일상의 사랑이나 동정심을 넘어서 어머니와 딸이 하나 되는 경지의 사랑을 보였다. 둘째로 수로보니게 여자는 예수님에게 접근하여 자비를 베풀어 달라고 부르짖었기 때문이다. 참되신 주님이신 분에게 자비를 베풀어달라고 했기 때문이다.

예수님은 마태복음 21:22에서 "너희가 기도할 때에 무엇이든지 믿고 구하는 것은 다 받으리라 하시니라"라고 하시고, 요한복음 14:13-14에서도 예수님은 "너희가 내 이름으로 무엇을 구하든지 내가 행하리니 이는 아버지로 하여금 아들로 말미암아 영광을 받으시게 하려 함이라 내 이름으로 무엇이든지 내게 구하면 내가 행하리라"라고 약속하셨다.

예수님은 그녀의 마음에 있는 모든 생각과 모든 행동을 알고계시기에, 그녀로 하여금 예수님의 메시아적 사명을 진정으로 알게 하도록 하기 위해서 그녀가 무엇이 필요한 가를 알고 계셨다. 예수님은 자신이 메시아라는 것을 그녀가 알고서 겸손하게 예수님을 경배하는 믿음을 고백하도록 인도하셨다.

수로보니게 여자의 끈질김

수로보니게 여자는 3가지 큰 장해물에 직면하면서도 끈질겼다. 예수님은 침묵하시고, 제자들은 소리 지르는 여자를 보내라고 하고, 그리고 예수님은 수로보니게 여자의 무가치함을 말씀하셨다.

제자들은 예수님에게 수로보니게 여자가 소리 지르면서 당혹스런 분위기를 조성하니 그녀를 보내라고 말씀드렸다. 수로보니게 여자가 따라오면서 간청하는데도, 예수님께서 침묵하시면서 그녀를 무시하는 것 같이 보였을 것이다. 그래서 제자들은 수로보니게 여자 같은 멸시받는 여자는 예수님의 도움을 받을 가치가 없다고 판단했을 것이다.

제자들은 두 가지 교훈을 알았어야 했다. 그리스도께서 치유사역을 하시기전에 수로보니게 여자의 마음에 믿음을 불러 일으켜야 했다. 그녀는 간절하고 진실한 믿음을 가지고 예수님께 와야만 했다. 그리고 하나님의 종은 진실로 긍휼에 찬 마음으로 모든 사람에게 능력사역을 해야 한다. 하나님의 종은 인정받는 사람에게나 무시당하는 사람에게나 모두에게 능력사역을 해야 한다.

예수님은 "나는 이스라엘 집의 잃어버린 양 외에는 다른 데로 보내심을 받지 아니하였노라"라고 하심으로서, 수로보니게 여자는 무가치하다는 이상한 말씀을 하셨다. 예수님의 말씀은 수로보니게 여자의 간청을 거절하신 것이 아니라, 단순히 "구원이 유대인에게서 남이라"(요 4:22)라는 사실을 말씀하신 것이다. 예수님은 원래 이 땅에서 이스라엘의 집에 오셨다. 예수님께서는 이스라엘의 잃어버린 양을 위해서 구원사역을 하시는 것은 예정된 일이지만, 수로보니게 여자 같은 이방인들을 위한 구원 사역은 예정에 없다는 것을 분명히 하셨다.

예수님은 수로보니게 여자를 위한 치유(구원)사역은 예정에 없는 일이라고 분명히 말씀하셨는데도, 수로보니게 여자는 예수님께 절을 하면서 "주여 저를 도우소서!"라고 간청했다. 그녀는 예수님을 이제 "주여"라고 부름으로서 영적으로 예수님을 메시아로 구세주로 경배하고 있었다. 로마서 10:13에서 바울은 "누구든지 주의 이름을 부르는 자는 구원을 받으리라"라고 했다.

수로보니게 여자는 빛으로(구세주로) 오신 예수님을 인식함

예수님은 "자녀의 떡을 취하여 개들에게 던짐이 마땅하지 아니하니라"라고 하셨다. 수로보니게 여자는 "주여 옳소이다마는 개들도 제 주인의 상에서 떨어지는 부스러기를 먹나이다"라고 했다.

예수님은, 하나님을 경배하는 자들에게 속한 복음의 떡을 취해서 개들 즉 이교도에게 주는 것은 마땅치 않다고 하셨다. 수로보니게 여자는 희랍인으로서 유대인들을 멸시하는 풍요로운 유산(전통)을 가진 교만한 백성이었다. 그녀는 이교도요, 국외자요, 죄인이요, 거짓된 신들을 경배하는 자였다.

예수님은 절망적으로 필요한 마음으로 예수님에게 온 사람을 물리치거나 거친 말로 말씀하신 일은 결코 없었다. 예수님은 누구든지 신실한 마음으로 예수님을 주님으로 믿고 오는 사람은, 항상 받아드렸다.

그런데, 예수님께서 수로보니게 여자에게 "개들에게 던짐이 마땅하지 아니하니라"라고 하신 것은 거친 표현이요, 마치 거절하는 것 같은 인상을 주기도 한다. 그렇지만, 수로보니게 여자는 "주여 옳소이다마는 개들도 제 주인의 상에서 떨어지는 부스러기를 먹나이다"라고 함으로서, 그녀는 영적으로 자기 자신은 아무것도 아님을 겸손하게 인정하고, 그녀는 "개"에 지나지 않음을 고백하고서, "개"의 가문에 속했기 때문에 "주인의 상에서 떨어지는 부스러기"를 먹는 권리를 가졌다는 것이다.

우리는 이 시점에서 수로보니게 여자의 예수님에 대한 위대한 영적인 믿음의 깨달음을 볼 수 있다. 그녀는 예수님은 하나님 나라에서 오신 빛이시기에, 하나님 나라에서 떨어지는 빵 부스러기도 빛임을 인정한 것이다. 그래서 예수님께서 "여자야, 참으로 네 믿음이 크도다!"라고 극찬하시고, "네 소원대로 되리라"라고 하심으로서, 바로 그때에 그녀의 딸이 나음을 받은 것이다.

수로보니게 여자의 믿음은 너무나 강했기 때문에 그녀는 예수님의 침묵에도, 제자들의 거부에도, 예수님의 노여움을 불러일으키는 말씀과 거절하는 듯 한 말씀에도, "개"처럼 가치 없다는 말씀에도 개의치 않고, 포기할 줄 몰랐다.

예수님은 "이스라엘 집의 잃어버린 양 외에는 다른 데로 보내심을 받지 아니하였노라"라고 하심으로써, 가나안 여인의 흉악한 귀신들인 딸의 치유는 예정에 없는 일임을 분명히 하셨다. 그러나 예수님은 여인의 믿음을 보시고, 예정에 없는 것을 있게 하셔서 수로보니게 여자의 딸을 고쳐 주신 것이다. 예수님은 치유의 권세는 물론이고, 인간의 운명을 바꾸시는 권세가 있음을 분명히 하신 것이다. 수로보니게 여자는 예수님의 권능은 시간과 공간을 극복(초월)하여 일어남을 믿었다. 예수님은, 겸손하게 자신을 예수님 앞에 포기하고, 그리스도를 주(구세주)로 경배하는 사람들의 기도에 응답하심을 분명히 하셨다(마

21:22).

표적과 하나님 나라 확장(마 15:29-31)

예수님께서 수로보니게 여자의 흉악한 귀신들린 딸을 고치시고, 갈릴리 바닷가에서, 산에 올라가서, 거기에 앉으셨다. 많은 무리가 여러 가지 병자들을 데리고 옴으로, 예수님께서 그들을 고쳐 주셨다. 그래서 무리는, 말 못하는 이가 말을 하고, 지체 장애자가 성한 몸이 되고, 일어서지 못하는 이가 걸어 다니고, 맹인이 보는 것을 보면서 놀랍게 여기고, 이스라엘의 하나님께 영광을 돌렸다. 하나님 나라가 확장된 것이다.

마태복음 15:21-31에서도 예수님은 "말씀선포+표적을 통한 말씀 증거⇒하나님 나라 확장"의 방법(패턴)으로 하나님 나라를 확장하셨다.

5. 가나의 혼인잔치: 물을 포도주로 만든 기적과
하나님 나라 확장(요한복음 2:1-11)

혼인 잔치의 배경

갈릴리 가나에서 혼인 잔치의 기적은 예수님께서 행하신 첫 번째 기적이다. 예수님께서 갈릴리에 오신 후 사흘째 되던 날 가나에 혼인잔치가 있었다. 예수님의 어머니 마리아도 혼인잔치에 참석했다.

가나는 작은 무명의 시골 마을로 갈릴리의 산지에 있으며, 나사렛 근처에 있는 마을이다. 가나는 요한으로 인해 3번 언급되었는데, 2번은 예수님께서 기적을 행하신 곳이다. 물을 포도주로 변화시키는 창조적 능력을 나타내신 곳이요(요 2:1-11), 왕의 신하의 아들을 고쳐주신 곳으로 치유사역을 하신 곳이다(요 4:46-54). 요한복음 21:2의 "시몬 베드로와 디두모라 하는 도마와 갈릴리 가나 사람 나다나엘과 세베대의 아들들과 또 다른 제자 둘이 함께 있더니"(필자밑줄)라는 말씀에서 "가나"를 언급하셨다.

혼인잔치는 그리스도의 사역 여행의 7일째의 마지막 날이었다. 첫째 날은 세례자 요한이 예루살렘에서 온 유대 대표자들(제사장들과 레위인들)을 직면하는 날이었다(요 1:19). 둘째 날은 요한이 예수님을 처음으로 하나님의 어린양과 동일시하는 날이었다(요 1:29). 셋째 날은 안드레와 또 한 제자(요한?)가 예수님을 따랐다(요 1:35-40). 넷째 날은 안드레가 그의 형제 베드로를 불렀다(요 1:41-42). 다섯째 날에 예수님께서 나다나엘을 부르셨다(요 1:50-51). 여섯째 날에 예수님은 여행을 하셨다(요 2:1)에서 "이튿날"이라 하지 않고 "사흘 되던 날"이라 했으니 하루 동안 여행을 하셨을 것이다). 일곱째 날에 예수님은 가나에 도착하셔서 그의 제자들과 함께 혼인잔치에 초대되었다.

요셉에 관한 언급이 없는 것으로 보아, 대부분의 학자들은 요셉은 이미 세상을 떠났다고 생각한다. 예수님은 가정의 장남임으로 예수님의 다른 형제들이 장성하여 독립할 수 있을 때까지 예수님께서 가정을 도와야만 했다.

예수님께서 제자들과 함께 혼인잔치에 초대 받음

왜, 예수님이 결혼식에 초대받았는지 확실히는 모른다. 미리 초대 받았거나, 빌립과 나다나엘을 불렀을 때 잔치 집으로 가는 도중이었는지 모를 일이었다. 갈릴리 가나는 나다나엘의 고향 마을이기에(요 21:2), 나다나엘을 통해서 예수님께서 초청을 받았을 가능성도 있었다. 마리아는 혼인잔치에 중요한 사람이기에 예수님은 어머니 마리아 때문에 초청을 받았을 가능성도 있다. 예수님께서 요한에게 세례 받은 요단강 지역으로부터 갈릴리로 오셨다는 소식을 듣자, 가나의 사람들이 예수님을 초청했을 가능성도 있다. 중요한 것은 예수님께서 혼인잔치에 환영을 받고 있다는 사실이다.

혼인 잔치는 기쁨의 날이요 행복한 날이요, 공동체에서 사회적인 큰 행사 중의 하나였다. 예수님께서 혼인잔치에 제자들과 참석했다는 것은 예수님에 관한 중요한 사실을 말하고 있다.

예수님은 교제를 좋아하시는 분이시다. 예수님은 사람들을 좋아했으며, 사람들도 예수님을 좋아했다. 예수님의 사역은 사람들 중심으로서, 사람들과 함께하고 사람들을 돕기를 좋아하셨다. 경사스런 일에는 항상 예수님을 초청한다는 것이다. 예수님은 스스로 기뻐하고 즐거워하는 사람들과 함께 하기를 좋아하셨다. 사람들은 즐거움이 있는 곳에 예수님을 초청했다. 초청한 사람들은 예수님의 말씀을 듣기를 원했다. 예수님은 사람 중심의 삶을 사셨음을 볼 수 있다.

성경은 우리도 예수님처럼 교제하는 삶(코이노니아)을 누리기를 원하고 있다. 사도행전 2:42에서 "그들이 사도의 가르침을 받아 서로 교제하고 떡을 떼며 오로지 기도하기를 힘쓰니라"라고 했다. 로마서 12:13에서도 "성도들의 쓸 것을 공급하며 손 대접하기를 힘쓰라"라고 했다. 고린도전서 10:27에서 "불신자 중 누가 너희를 청할 때에 너희가 가고자 하거든 너희 앞에 차려 놓은 것은 무엇이든지 양심을 위하여 묻지 말고 먹으라"라고까지 말씀하고 있다.

예수님의 어머니가 예수님께 포도주가 없다 함(요 2:3)

어머니 마리아는 아들 예수님께 무엇을 하라고 말하지 않고, 단순히 혼인잔치 집에 "포도주가 없다"하고 문제가 발생한 것을 알렸다.

마리아가 예수님께 "포도주가 없다"하고 알린 것은 마리아의 사회적 관심이 지대함을 말하고 있다. 유대인의 혼인잔치에 포도주는 필수적인 것이다. 혼인잔치가 막 시작했는데, 포도주가 떨어졌다는 것은 당황스러운 일이었다. 유대인의 혼인잔치는 일주일 내내 계속 될 것이었다.

포도주가 없게 되면 혼인잔치에 참석한 하객들의 기쁨에 찬 흥겨움은 깨질 것이고, 신혼부부는 창피와 조롱을 당하게 됨으로서, 수치감에 쌓이게 될 것이다. 혼주는 역경에 처하게 될 것이다. 예수님의 어머니 마리아도 아마도 혼주와 가까운 사이라 당황하게 될 것이다. 어떤 어머니라도, 사회적 관심이 있다면, 마리아처럼 아들에게 "포도주가 없다"하고 문제를 알렸을 것이다.

술(포도주)은 기쁨을 상징한다. 혼인잔치 집에는 기쁨이 있는 곳이며, 잔치집의 술은 기쁨의 상징이다. 포도주가 없으는 손님들도 신랑과 신부도 행복하지 않다는 것이다. 시편 104:15에서 "사람의 마음을 기쁘게 하는 포도주와 사람의 얼굴을 윤택하게 하는 기름과 사람의 마음을 힘 있게 하는 양식을 주셨도다"라고 했으며, 사사기 9:13에서 "포도나무가 그들에게 이르되 하나님과 사람을 기쁘게 하는 내 포도주를 내가 어찌 버리고 가서 나무들 위에 우쭐대리요 한지라"라고 함으로써 포도주는 하나님과 사람을 기쁘게 한다고 했다.

오해를 갖지 않기 위해서는 물론 그리스도인의 기쁨은 보다 높은 차원의 기쁨임을 말하고자 한다. 기쁨이란 그리스도인이 누려야 할 권리이다. 시편 32:11에서 "너희 의인들아 여호와를 기뻐하며 즐거워할 지어다 마음이 정직한 너희들아 다 즐거이 외칠지어다"라고 했으며, 시편 16:11에서도 "주께서 생명의 길을 내게 보이시리니 주의 앞에는 충만한 기쁨이 있고 주의 오른쪽에는 영원한 즐거움이 있나이다"라고 했다. 요한복음 15:11에서 예수님은 "내가 이것을 너희에게 이름은 내 기쁨이 너희 안에 있어 너희 기쁨을 충만하게 하려 함이라"라고 하셨다. 로마서 14:17에서 바울은 "하나님의 나라는 먹는 것과 마시는 것이 아니요 오직 성령 안에 있는 의와 평강과 희락(joy)이라"라고 했으며, 갈라디아서 5:22-23에서 희락(기쁨)을 성령의 9가지 열매에 포함 시켰다.

그리스도인의 삶은 기쁨으로 특징 지워져 있기에 그리스도인은 기뻐해야 한다. 그리스도인이 너무 진지해서 슬픈 표정으로 있는 것은 문제다. 예수 그리스도의 삶의 특징인 거룩하고 바람직한 기쁨은 초자연적인 기쁨이다. 세상 사람의 피상적이고 소란스런 기쁨이 아니다.

예수님은 "내 때가 아직 이르지 아니하였나이다"라고 하심 (요 2:4)

예수님의 어머니 마리아가 예수님께 "포도주가 없다"라고 하니, 예수님께서 "여자여 나와 무슨 상관이 있나이까 내 때(my time)가 아직 이르지 아니하였나이다"라고 하셨다.

예수님께서 어머니를 향해 "여자여(Woman)"이라고 부르신 것은 우리의 귀에 거친 표현으로 들릴 것이다. 그러나 그 당시 유대인에게는 거친 표현이 아니라, 오늘날의 "귀부인께서(my Lady)"와 같은 존경의 표현이다. 예수님께서 십자가에 못 박힌 그런 고통 중에서도 어머니 마리아에게 "여자여(Woman) 보소서 아들이니이다"라고 하셨다.

예수님은 어머니를 향하여 "내 때(My time)가 아직 이르지 아니하였나이다"라고 하셨다. "내 때"에 대한 한 가지 해석은, 예수님께서 하나님의 아들로서 이 세상에 오신 것은 특별한 때(십지가)를 위한 것임을 말씀하고 있다고 볼 수 있다. 마리아도 그리고 그 누구도 예수님의 메시아로서의 참 사명을 이해하지 못했다. 예수님은 자신이 인류를 위해 앞으로 다가올 그 지독한 고통(십자가)을 져야만 하는 자신의 사명을, 어머니와 그가 사랑하는 사람들이 받아드리도록 이제 준비시켜야 했다. 예수님의 "때"는 그의 죽음의 상징이다. 예수님의

"때"가 아직 이르지 아니했다는 것은 인간의 구원을 위해 죽어야 할(십자가) 때가 아직 이르지 아니했다는 것이리라.

예수님의 "내 때"는 요한복음 12:23-24의 "예수께서 대답하여 이르시되 인자가 영광을 얻을 때가 왔도다 내가 진실로 진실로 너희에게 이르노니 한 알의 밀이 땅에 떨어져 죽지 아니하면 한 알 그대로 있고 죽으면 많은 열매를 맺느니라"라는 말씀에서 "인자가 영광을 얻을 때"와 밀알이 땅에 떨어져 죽어야 할 때를 말한다. 그리고 요한복음 12:27에서 예수님께서 "지금 내 마음이 괴로우니 무슨 말을 하리요 아버지여 나를 구원하여 이 때를 면하게 하여 주옵소서 그러나 내가 이를 위하여 이 때에 왔나이다"라고 말씀하신 중에 "이 때", 즉 십자가의 때를 말씀하고 있다.

그렇지만 마리아의 관심은 인간의 사회적인 관심이었다. 혼인잔치 집에서 술이 떨어진데 대한 관심이었다. 혼인잔치는 밤에 이루어지고 있기에 포도주를 살 수도 없었다. 예수님은 아직도 아무런 기적의 표적을 수행한 적이 없었기에, 마리아가 예수님에게 기적을 행하라고 요구하고 있다고 생각할 수도 없다. 그렇지만 마리아는 예수님의 도움을 구하고 있으며, 예수님께서 문제를 해결해 주리라는 믿음을 가지고 있었다.

그러기에 예수님께서 "내 때가 아직 이르지 아니하였나이다"라고 하신 또 하나의 해석은, 현재로는 아직도 문제를 해결 할 예정이 없지만, 앞으로 "내 때"가 이르면, 즉 예정의 때가 되면, 하나님의 아들로서, 메시아로서, 창조주로서 인간의 필요를 해결해 줄 창조적인 능력을 나타낼 때(예정의 때)가 올 것이란 것이다.

그러나 마리아가 하인들에게 예수님의 말씀에 순종하라고 하고, 예수님은 어머니 마리아의 믿음을 보시고, 하인들에게 돌 항아리 6개에 물을 채우라고 하시고, 물이 최고의 포도주로 되게 하셨다. 예수님은 분명히 "내 때가 아직 이르지 아니하였나이다"라고 하셨는데, 미래에 일어날 예정을 미리 앞당겨 "여기에서(here)" 그리고 "지금(now)" 이루어지게 하신 것이다. 이 진리는 미래에 일어날 하나님의 예정을 우리의 믿음으로 하나님께서 앞당겨 일어나게 하심을 말씀하고 있다.

마리아는 하인들에게 예수님의 말씀을 순종하라고 함 (요 2:5-8)

예수님의 어머니 마리아는 하인들에게 예수님께서 "너희에게 무슨 말씀을 하시든지 그대로 하라"고 했다. 유대 정결 예법에 사용하기 위한 돌 항아리 6개가 있었다. 예수님께서 하인들에게 "항아리에 물을 채워라"라고 하시니, 그들은 항아리마다 아귀까지 물을 가득 채웠다. 예수님께서 "이제는 떠서, 잔치를 맡은 이에게 가져다주어라"라고 하셨다.

돌 항아리 6개는 물을 마시기 위한 것이 아니며, 유대인의 정결 예식을 위한 것으로, 손을 씻는다든지 성전 기구를 씻는 종교적인 정결 예식을 위한 것이다. 예수님께서 물동이를 사용하신 것은 상징적으로 예수님은 사람을 정결하게 하고, 순결하게 하고, 만족하게 하는 권능을 갖고 계시며, 그리고 사람을 정결하게 하고 만족하게 하는데 필요한 무엇이든지 생산하고 창조하는 권능을 갖고 계시다는 것을 보여주신 것이다.

예수님은 연회장이 원하는 사회적인 필요를 해결해 주시는 것 이상의 보다 깊은 관심을 갖고 계셨다. 예수님은 사람의 영적인 정결과 내적인 씻음을 위해 오신 것이다. 예수님의 정결과 씻음은 예수님의 때(십자가)를 통해서이다. 예수님은 물 항아리의 기회를 통해서 자신의 창조적인 권능과 사람을 새롭게 하는 권능을 나타내신 것이다.

야고보서 4:8에서 "하나님을 가까이하라 그리하면 너희를 가까이하시리라 죄인들아 손을 깨끗이 하라 두 마음을 품은 자들아 마음을 성결하게 하라"라고 하여 하나님을 가까이 하여 손과 마음을 깨끗이 하라고 강조했으며, 디도서 3:5에서도 "우리를 구원하시되 우리가 행한 바 의로운 행위로 말미암지 아니하고 오직 그의 긍휼하심을 따라 중생의 씻음과 성령의 새롭게 하심으로 하셨나니"라고 함으로서 하나님의 자비하심으로 거듭나게 씻어 주심과 성령의 새롭게 해주심을 강조하고 있다.

하인들은 예수께서 항아리에 물을 채우라는 말씀에 순종하여 물을 항아리 아귀까지 채웠다. 예수님의 말씀에 순종하는 것은 문제해결의 열쇠가 된다. 물이 포도주로 된 것은 하인들이 예수님과 협조하고 순종했기에 이루어졌다. 가나의 기적은 하나님을 섬기는데 실제적인 교훈을 제시하고 있다.

예수님은 "이제는 떠서 연회장에게 갖다 주라"고 하심 (요 2:8-10)

연회장은 신랑에게 "누구든지 좋은 포도주를 먼저 내놓고, 손님들이 취한 뒤에 덜 좋은 것을 내놓는데, 그대는 이렇게 좋은 포도주를 지금까지 남겨 두었구려!"라고 좋은 포도주를 남겨둔 신랑에게 극찬을 아끼지 않았다. 좋은 포도주! 최고의 포도주였다. 1갤런은 4쿼트로 1쿼트는 약 1.14리터이니, 예수님께서 180 갤런의 포도주를 생산하셨으니, 풍요로운 포도주를 하객들에게 마시게 한 것이다.

예수님은 사회적인 필요(문제)를 해결해 주실 뿐 아니라, 우리의 더 깊은 관심인 삶, 사랑, 구원의 문제를 해결해 주신다.

마태복음 7:11에서 예수님께서 "너희가 악한 자라도 좋은 것으로 자식에게 줄 줄 알거든 하물며 하늘에 계신 너희 아버지께서 구하는 자에게 좋은 것으로 주시지 않겠느냐"라고 말씀하시고, 요한복음 6:35에서도 "나는 생명의 떡이니 내게 오는 자는 결코 주리지 아니할 터이요 나를 믿는 자는 영원히 목마르지 아니하리라"라고 말씀하셨다. 그리스도는 우리의 필요를 공급해 주실 것이다. 빌립보서 4:19에서 바울은 "나의 하나님이 그리스도 예수 안에서 영광 가운데 그 풍성한 대로 너희 모든 쓸 것을 채우시리라"라고 했다.

물이 포도주가 되는 표적으로 하나님 나라가 확장됨(요 2:11)

예수님께서 이 첫 번 표적을 갈릴리 가나에서 행하셔서 자기의 영광을 드러내셨으며, 그래서 그의 제자들은 예수님을 믿음으로 하나님 나라가 확장 되었다. 예수님의 새롭게 하시는 창조의 권능이 증언됨으로써 그리스도의 영광이 드러나게 됨으로써, 제자들이 예수님께서 메시아임을 믿게 됨으로써 하나님 나라가 확장 되었다.

유대인이 정결예식에 사용하는 텅 빈 돌 항아리는 유대교가 종교 의식을 통해 사람들에게 만족함을 주지 못하고, 하나님 안에서 기쁨을 전혀 누리지 못하는 차디찬 기계적인 종교 의식으로 퇴화된 것을 상징한다. 종교 체계에서 종교의식은 있지만, 마음의 위로가 없는 텅 빈 상태를 상징하고 있다.

그렇지만 예수 그리스도가 개입하심으로써 그 항아리가 최고의 포도주로 넘친다는 것은 예수 그리스도만이 우리의 목마른 가슴에 참된 영원한 생수를 흐르게 하시며, 예수 그리스도만이 참된 기쁨의 찬양을 부르게 할 수 있으며, 그리고 예수 그리스도 안에서 하나님의 계시가 완성 된다는 것이다.

예수님만이 빈 곳에 충만함을 주시고, 실망이 있는 곳에 기쁨을 주신다. 예수님은 외적인 삶의 풍요로움과 동시에 내적인 기쁨의 충만을 주신다. 그리고 예수 그리스도는 우리의 믿음으로 미래에 일어날 예정을 미리 앞당겨 이루어지게 하신다. 예수님께서 가나의 혼인잔치에서 물로 포도주로 만드신 표적을 통하여 제자들에게 하나님 나라를 확장하셨다.

6. 나사로를 살리시는 표적과 하나님 나라 확장(요한복음 11:1-45)

나사로를 살리신 배경

베다니에 사는 마리아와 마르다 자매의 오라버니 나사로가 병이 들었다. 그 당시 예수님의 형편은 좋지 않았다. 종교지도자들(유대인들)은 예수님을 신성모독자로 송사하고 죽이려했다. 또한 종교지도자들은 예수님을 미쳤다고도 하고 바알세불(귀신의 왕)이 들렸다고도 했다(막 3:21-22) 왜냐하면 예수님께서 하나님 나라 복음을 전하시면서 "나와 아버지는 하나이니라"(요 10:30)라고 하시고, "나는 하나님의 아들이라"(요 10:36)라고 하셨으며, "인자는 안식일의 주인이니라"(마 12:8)라고도 선포했기 때문이다. 그리고 예수님은 안식일에 병을 고쳐주심으로 안식일을 범했기 때문에 유대인들은 예수님을 죽이려고 궁리하고 있었으며, 누구든지 예수를 그리스도로 시인하는 자는 출교하기로 결의까지 하였다(요 9:22). 예수님 자신이 하나님의 아들이란 주장이나 안식일을 범하는 일들이 종교지도자들을 당황하게 했으며, 심지어 예수님의 가족들까지도 염려하여, 예수님을 찾아와서 데리고 가려 했다(마 12:46-50).

그 결과 그 당시 예수님은 거의 모든 사람들로부터 거부를 당하였으며, 거의 많은 가정이 예수님을 초청하기를 꺼려했다. 그러기에 예수님은 "여우도 굴이 있고 공중의 새도 거처가 있으되 인자는 머리 둘 곳이 없다"(마 8:20, 눅 9:58)라고 하셨다.

이런 상황임에도, 한 가정이 예수님을 어느 때든지 환영했다(눅 10:38-42). 마르다와 마리아와 그들의 오라버니 나사로의 가정이었다.

그들은 예루살렘 근교에 위치하여 약 2마일 떨어진 곳에 있는 베다니에서 살았다. 그들은 예수님을 사랑했으며, 베다니에 있는 자기들 집으로 영접했으며(눅 10:38-42), 예수님을 헌신적으로 잘 대했으며, 예수님도 편안한 마음으로 이 집에 드나들었다.

마르다와 마리아

언니 마르다는 섬기는 은사가 있었으며, 주님을 접대하는 일로 분주했다(요 12:1-8). 종교지도자들의 예수님에 대한 협박과 예수님을 따르는 자를 출교하겠다는 위협에도 불구하고 마르다가 예수님을 자기 집으로 초청한 것을 보면 마르다는 담대한 사람이었다.

마르다는 주기를 좋아하고 다른 사람을 돌보기를 좋아하는 여성이었다. 그렇지만, 마르다는 여러 가지 일을 하다 보니, 걱정과 염려로 마음이 산란해지는 경향이 있었다. 그 결과 마르다는 마음의 긴장의 짐에 눌려서 삶의 우선권(그리스도의 말씀)을 잊어버리고, 스스로 화가 나서, 자기를 도와주지 않는 여동생 마리아를 비판했다. 예수님과 그의 제자들이 오셨을 때, 마르다는 음식을 준비하고 손님들을 접대하는데 여동생 마리아가 언니를 돕는 것을 기대하는 것은 자연스러운 일이다. 마르다는 예수님에게 "주님, 내 동생이 나 혼자 일하게 두는 것을 아무렇지 않게 생각하십니까? 가서 거들어 주라고 내 동생에게 말씀해 주십시오."(눅 10:40)하고 불평을 한 것이다. 집안일로 마음이 산란해지거나, 세상적인 염려로 질식 상태에 빠지는 사람은 누가복음 8:14의 말씀처럼 씨가 가시떨기에 떨어져서 "이생의 염려와 재물과 향락에 기운이 막혀 온전히 결실하지 못하는 자"의 상황과 유사한 것이다.

예수님은 "마르다야 마르다야"라고 부르심으로써 마르다에 대한 깊은 관심과 사랑을 보이셨다. 예수님은 "너는 많은 일로 염려하며 들떠 있다"라고 타이르심으로써, 마르다에게 너무 많은 사람들을 위해 너무 많은 일을 함으로써 염려하고 마음이 들떠 있다고 지적하셨다. 마르다가 하는 일은 필요한 것이지만, 예수님은 의로운 면, 즉 말씀에 주리고 목마른 면을 강조하신 것이다.

반면에, 마리아는 예수님에게 헌신적이었으며, 예수님께 향유를 붓고, 자기의 머리털로 예수님의 발을 씻은 여자였다(요 11:2). 마리아는, 상대적인 사랑으로가 아니라, 절대적인 사랑으로 예수님을 사랑했다. 그 귀중한 향유(300데나리온은 지금의 $3,500 정도임, 일일노동자 1년 치 연봉)를 예수님 발에 부은 행동은 가장 귀중한 것을 그리스도에게 드린다는 것, 즉 자기 자신을 드리는 행동이었다. 마리아가 예수님의 발을 머리털로 닦고 집안을 돌아다녔으니, 온 집안에 향유 냄새가 가득하였다. 이것은 그리스도를 사랑하는 향기가 마리아의 생애를 통해 발하고 있다는 것이다.

마태복음 26:6-7에 보면 예수님께서 베다니 문둥이 시몬의 집에 계실 때에 한 여자(마리아)가 매우 귀한 향유 한 옥합을 가지고 나아와서 식사하시는 예수님의 머리에(요한복음에서는 발에) 부었다고 했다. [전설에 의하면 문둥이 시몬은 아마도 예수님에게 치유 받은 문둥이로서 마르다의 남편이라고 한다.] 마리아가 예수님께 향유를 부은 것은 메시아에 대한 사랑이요 믿음이었다. 예수님은 마리아의 구세주시요,

주님이시오, 왕이셨다.

제자들이 보고 분개하여 이 향유를 팔아 가난한 자들에게 줄 수 있었는데 라고 했지만, 예수님께서는 제자들에게 마리아가 "내 몸에 이 향유를 부은 것은 내 장례를 위하여 함이니라"(마 26:12)라고 하셨다. 마리아가 예수님께서 담당하실 십자가의 사실을 미리 알았느냐 아니냐와 관계없이, 예수님은 마리아의 행동을 예수님 자신의 세상의 죄를 위한 십자가의 죽음과 관련시키셨다. 예수님은 마리아의 행동은 예수님 자신의 죽음을 미리 예비하는 행동이라 하셨다(요 12:7). 마리아의 향유 부음의 순간은 예수님과 하나 되는 순간이었다.

마리아는 예수님에게 너무나 극진히 헌신적인 사랑을 주고 있었기 때문에 예수님과 함께하면서 말씀을 경청하는 것 이외에는 아무런 것도 문제가 되지 않았다. 마리아는 예수님의 말씀에 대한 영적인 갈급함이 있었다.

사랑하시는 자가 병들었다 함(요 11:3)

나사로의 누이들이 예수님께 사람을 보내어 "사랑하시는 자"가 병들었다고 말씀드렸다. 나사로가 죽어가고 있었다. 마르다와 마리아는 그들의 문제를 예수님에게 말씀 드리는 위대한 지혜를 보였다. 두 자매들의 "사랑하시는 자가 병들었나이다"라는 호소의 바탕은, 그들이 예수님을 대접하고 사랑했기 때문이 아니라, 예수님께서 그들을 사랑했기 때문이다. 그들이(우리가) 불충실 할 때도, 예수님은 충실하게 그들(우리)을 사랑했으며, 영원한 사랑으로 그들(우리)을 사랑하셨다. 마르다와 마리아 자매는 그들의 뜻을 예수님께 강요한 것이 아니라, 예수님의 뜻이 이루어지기를 구한 것이다. 우리는 우리의 문제가 해결되고, 병든 자가 치유 받기를 원하는 것은 사실이지만, 하나님의 뜻이 이루어지기를 기도해야 한다.

예수님은 나사로의 병은 하나님과 그리스도의 영광을 위함이라고 하셨다(요 11:4). 나사로를 죽음에서 일어나게 하심으로써, 하나님의 영광을 드러내게 되는 것은, 하나님은 생명의 주관자이심을 나타내기 때문이며, 하나님께서 세상을 구원하시기 위해 아들 예수를 보내심으로써 이 세상을 사랑하신다는 증거를 보이시기 때문이며, 사람이 생명을 갖도록 소망하시는 것을 보여주시기 때문이다.

나사로를 죽음에서 일어나게 하심으로써, 예수님께서 영광을 받게 되시는 것은, 예수님께서 하나님의 일을 수행아시는 기회를 갖게 되기 때문이며, 하나님의 권능을 증거 하시기 때문이며, 긍휼을 나타내시기 때문이며, 믿는 자들의 믿음을 강하게 하기 때문이며, 믿지 않은 자들을 믿도록 인도하시기 때문이다.

예수님이 베다니로 돌아오셨을 때, 마르다는 예수님에게 나사로는 이미 죽어서 장사 된지 4일이나 되어서, 벌써 냄새가 난다고 했다. 나사로를 살리심으로서, 예수님은 생명을 지배하시는 권능을 가지신 분이기에 영광을 받으시게 되는 것이다. 그리스도의 영광이 하나님의 영광이요, 그 영광은 하나이며 같은 것이다.

마르다가 예수님을 맞이하러 오다(요 11:20-34)

예수님께서 오신다는 말을 듣자 마르다는 곧 나가서 예수님을 맞이했으나, 마리아는 집에 있었다. 마르다는 열정적이고 행동적인 여성으로, 주도권으로 넘치는 성품으로 예수님을 맞이하러 나갔다. 그와는 대조적으로 마리아는 조용하고 명상에 잠기는 여성으로서 집에 머물러서 애도 자들을 영접했다.

마르다는 예수님에게 "주께서 여기 계셨더라면 내 오라버니가 죽지 아니하였겠나이다"라고 불평하는 말을 했다. 마라다는 주님께서 4일 전에 여기 베다니에 오셨더라면(시간 개념), 나사로를 살릴 수 있었을 터인데, 먼 곳에 계시니 나사로를 살릴 수 없었으며(장소 개념), 지금은 나사로가 죽어버렸으니 어쩔 도리가 없지요(시간 개념) 라는 것이다. 마르다는 주님의 능력이 시간과 장소로 제한을 받는다는 믿음을 가지고 있었다.

이 시점에서 마르다가 "이제라도 주께서 무엇이든지 하나님께 구하시는 것을 하나님이 주실 줄을 아나이다"라고 말함으로써, 마르다는 예수님을 하나님보다 아래 수준에 있는 분으로 예수님을 제한하고 있다. 마르다는 예수님 자신이 부활이요 생명이심을 알지 못했다.

예수님께서 "네 오라비가 다시 살아나리라"라고 하셨을 때, 마르다는 "마지막 날 부활 때에는 다시 살아날 줄을 내가 아나이다"라고 함으로써, 마르다는 마지막 날에 부활하는 근본적인 믿음은 가지고 있었으나, 예수님께서 "지금(now)" 그리고 "여기서(here)" 역사하신다는 역동적이요 활력 있는 살아있는 믿음은 아니었다. 마르다가 필요한 것은 자기 앞에 서 계시는 분은 바로 부활이요 생명임을 알아야만 했다.

나는 부활이요 생명이니

예수님께서 마르다에게 "나는 부활이요 생명이니 나를 믿는 자는 죽어도 살겠고 무릇 살아서 나를 믿는 자는 영원히 죽지 아니하리니" (요 11:25-26)라고 하셨다. 예수님께서 "나는 부활이요 생명이니"라고 하신 것은, 예수님은 바로 생명의 존재요 본질이며, 바로 생명의 권능이요 원동력이시라는 것을 선언하신 것이다.

마르다는 부활이 마지막 날에 일어나는 일로 생각했으나, 예수님은 자기 자신이 부활이라고 하심으로써, 예수님이 계시는 곳에 생명이 있음을 말씀하고 있다. 사람이 예수 그리스도를 믿을 때, 그는 부활을 경험하게 될 것이다. 우리는 범죄와 죄로 죽었으나, 우리는 예수로 생명을 받게 되었다. 그러기에 예수님은 마르다에게 계속된 가르침을 주시기 위해 "나를 믿는 자는 죽어도 살겠고 무릇 살아서 나를 믿는 자는 영원히 죽지 아니하리니"라고 하셨다.

이제 마르다는 "주는 그리스도시요 세상에 오시는 하나님의 아들이신 줄 내가 믿나이다"(요 11:27)라는 위대한 고백을 했다. "그리스도"는 "기름부음을 받은 자"라는 의미이며, 히브리어로 "메시아"에 해당한다.

마르다가 예수님을 "하나님의 아들"이라고 한 것은, 예수님의 신성을 인정한 것이다. 마르다는 아마도 예수님의 완전하신 신성과 완전하신 인성을 가지신 죄가 없으신 분임을 알았으리라.

마르다는 예수님을 하나님께서 보내셔서 "세상에 오시는" 분임을 고백했다. 예수 그리스도는 영적 세계로부터 육적(자연) 세계로 오신 분, 즉 "말씀이 육신이 되어 우리 가운데 거하시(는)" 분임을 말하고 있다.

선생님이 오셔서 너(마리아)를 부르신다

이제 마르다는 영광스러운 소식을 급히 마리아에게 전해야했다. 마르다는 "선생님(호 디다스카로스 oJ didavskalo" =The Teacher) 이 오셔서 너를 부르신다"(요 11:28)라고 했다. "선생님"에 정관사 "호 oJ(the)"가 중요하다. 마르다가 말하는 "선생님(호 디다스카로스 oJ didavskalo")"은 두 가지 뜻이 있다. 하나는 지고(至高)의 선생님 으로서, 이때까지 사신 선생님 중에 최고의 선생님으로서, 아무도 예수님과 비교할 수 없는 가장 위대하신 분이란 것이다. 그 다음으로, 예수님은 주님으로써, 모든 사람들(인류)의 선생님으로써 신성을 가지 신 선생님이시란 것이다. 그러기에 요한복음 13:13에서 예수님께서 "너희가 나를 선생이라 또는 주라 하니 너희 말이 옳도다 내가 그러하 다"라고 하셨다.

마리아는 예수님 발 앞에 엎드려서 "주께서 여기 계셨더라면 내 오라버니가 죽지 아니하였겠나이다"(요 11:32)라고, 마르다처럼, 불평 하는 말을 함으로써 한정된 믿음을 보였다.

예수님은 "그를(죽은 자를) 어디에 두었느냐?"하고 물으셨다. 예수 님은 무덤이 어디에 있는지 알고 계셨다. 예수님은 죽은 자들에 대한 관심을 보이신 것이다. 예수님은 영적으로 죽은 자나, 육적으로 죽은 자나, 모든 죽은 자들이 어디에 있는지를 묻고 계시는 것이다. 예수님은 모든 사람은 무덤에 누워있게 될 것이라는 사실에 사람들이 관심을 가질 것을 촉구하시는 것이다. 사람들이 죽음을 피하기를 원한다면 예수님 자신을 바라보라는 것이다.

예수께서 눈물을 흘리시더라(Jesus wept)(요 11:35)

[성경에서는 두 단언뿐으로 가장 짧은 구절이다.] 예수님은 마리아가 우는 것과 유대인들이 우는 것을 보시고, 마음이 비통하여 괴로워하셨으며, 눈물을 흘리셨다(요 11:33, 35).

예수님께서 우신 것은 완전히 인성을 가지신 분이시기 때문이다. 예수님께서 마음이 비통하여 우신 것은, 마리아가 슬픔에 잠겨있는 것을 보았기에, 마르다가 고통 하는 것을 보았기에, 함께 있는 유대인들이 우는 것을 보았기에, 나사로의 죽음이 표출하는 비참함과 무서운 죽음의 비극성을 아시기에, 그리고 머지않아 예수님 자신이 죽음을 이기시기 위하여 치루야 할 무서운 고난의 값을 아시기 때문이다. 예수님께서 우신 것은, 예수님께서 인간을 사랑하시기 때문에, 하나님 보시기에 우리가 귀중하기 때문에, 인간의 고통과 슬픔과 죽어야만 하는 운명에 대해서 우신 것이다.

우리 인간들이 하나님에게 귀중한 것은, 하나님께서 우리를 자기의 형상대로 창조하시되 남자와 여자를 창조하셨기 때문이다(창 1:26-27). 인간은 결코 죄와 죽음을 위해 창조 된 것이 아니라, 의로움과 생명을 위해 창조되었다. 그러나 인간은 죄로 인해 죽음을 부르고, 죄와 죽음은 인간을 속이고, 상하게 하고, 분리하고, 부패하게 하고, 패배시키고, 파괴하고, 영원히 죽음의 운명에 처하게 했다. 예수님은 인간을 사랑하시기 때문에 인간의 죄와 죽음에 대해서 비통해 하시고, 괴로워하시고, 눈물을 흘리신 것이다.

마르다의 집에 위로하기 위해 방문한 유대인들도 "보라 그를(나사로를) 얼마나 사랑하셨는가"(요 11:36)라고 했다. 예수님은 나사로도 사랑했으며, 마르다도 마리아도 사랑했으며 그리고 모든 인류를 사랑하셨다. 예수님의 눈물은 사랑의 증거이다. 로마서 8:35에서 바울은 "누가 우리를 그리스도의 사랑에서 끊으리요 환난이나 곤고나 박해나 기근이나 적신이나 위험이나 칼이랴"라고 했다.

하나님은 우리의 눈물을 보신다. 히스기야 왕이 병들어 죽게 되었을 때, 히스기야는 울기 시작했다. 열왕기하 20:3에서 "여호와여 구하오니 내가 진실과 전심으로 주 앞에 행하며 주께서 보시기에 선하게 행한 것을 기억하옵소서 하고 히스기야가 심히 통곡하더라"라고 했다. 놀랍게도 열왕기하 20:5-6에서 여호와께서 말씀하시기를 "내가 네 기도를 들었고 네 눈물을 보았노라 내가 너를 낫게 하리니… 내가 네 날에 십오 년을 더할 것이며"라고 하셨다.

욥도 "빈궁한 사람의 부르짖음이 그에게 들리게 하느니라"(욥 34:28)라고 선포하고, 다윗도 "여호와께서 내 울음소리를 들으셨도다"(시 6:8)라고 증언하고, "여호와의 눈은 의인을 향하시고 그의 귀는 그들의 부르짖음에 기울이시는도다"(시 34:15)라고 했다.

하나님은 우리의(자기 백성의) 눈물을 주시하시고, 우리의 눈물에 감동되심을 볼 수 있다. 하나님은 또한 우리의 눈물을 기억하시기에 우리의 눈물은 하나님에게 귀중한 것이다. 다윗은 그의 원수들의 공격으로, 비방으로, 파멸하려는 기습으로 많은 비통한 처지를 당하여, "나의 불안함을 주께서 헤아리시고, 내가 흘린 눈물을 주의 가죽부대에 담아 두십시오. 이 사정이 주의 책에 기록되어 있지 않습니까?"(표준새번역)라고 하나님께 부르짖었다.

하나님은 우리의 눈물을 보시고(주시하시고), 감동 되시고, 기억하셔서, 영원히 닦아주신다. 예수님께서 마르다와 마리아의 눈물을 보시고, 우셨으며, 나사로를 일으키셔서 마르다 자매들에게 기쁨을 주셨다. 시편 116:8에서 "주께서 내 영혼을 사망에서, 내 눈을 눈물에서, 내 발을 넘어짐에서 건지셨나이다"라고 노래했으며, 시편 126:5에서 "눈물을 흘리며 씨를 뿌리는 자는 기쁨으로 거두리로다"라고 노래했다. 이사야 25:8에서 "사망을 영원히 멸하실 것이라 주 여호와께서 모든 얼굴에서 눈물을 씻기시며"라고 했다. 요한계시록 21:4에서 거룩한 성 새 예루살렘에서 하나님은 하나님의 백성과 함께 계시면서 "모든 눈물을 그 눈에서 닦아 주시니 다시는 사망이 없고 애통하는 것이나 곡하는 것이나 아픈 것이 다시 있지 아니하리니 처음 것들이 다 지나갔음이러라"라고 하셨다.

예수님은 큰 소리로 "나사로야, 나오너라"하고 외치심 (요 11:43)

예수님은 죽음에 직면하여, 죽음을 이기시는 위대한 권능을 나타내셨다. 나사로의 무덤 앞에서 나사로의 무덤을 정복하시고, 예수님의 권능의 위대한 고함 소리에 믿는 자는 죽음으로부터 일어나서 부활하게 될 것을 증거 하셨다.

예수님은 나사로의 무덤을 막은 돌을 옮겨 놓으라 하셨다. 마르다가 "주여 죽은 지가 나흘이 되었으매 벌써 냄새가 나나이다"라고 했다. 예수님은 마르다에게 무제한적인 믿음을 갖기를 원하여 "내 말이 네가 믿으면 하나님의 영광을 보리라 하지 아니하였느냐"라고 하셨다.

예수님은 마르다에게 영적인 일에는 "믿는 것이 보는 것이다"라는 것을 가르치고 있다. 사람들은 세상적인 일에는 "보는 것이 믿는 것이다"라고 한다. 마르다는 영적인 진리를 모르고 있었다. 마르다는 나사로의 부활을 기대하지 않았다. 예수님께서 "돌을 옮겨 놓으라"라고 까지 말씀 하셨는데도, 마르다는 "주여 죽은 지가 나흘이 되었으매 벌써 냄새가 나나이다"라고 함으로써 불신앙을 보여 주었다. 대부분의 사람들도 "맹인의 눈을 뜨게 한 이 사람이 그 사람은 죽지 않게 할 수 없었더냐"(요 11:37)라고 함으로서 불신앙을 나타내었다.

예수님께서 눈을 들어 하늘을 우러러보시고 "아버지여 내 말을 들으신 것을 감사하나이다 항상 내 말을 들으시는 줄을 내가 알았나이다"라고 기도하셨다. 예수님은 기적이 일어나기도 전에, 그 기적에 대해서 감사하다고 했으며, "내 말을 들으시는 줄을 내가 알았나이다"라고 하심으로써 예수님의 믿음은 전적으로 완전한 믿음으로써, 하나님께서 기도를 들으시고 응답하실 것을 확신하고 계셨다. 그 기도의 목적은 둘러선 무리에게, 아버지께서 나를 보내신 것을 믿게 하려는 것으로, 하나님 나라 확장을 위한 것임을 분명히 하셨다.

그리고서 예수님은 큰 소리로 "나사로야 나오라"라고 외치셨다. 죽었던 나사로가 예수님의 명령에 따라 나왔다. 나사로의 부활은 기적의 절정이었다. 손발은 천으로 감겨 있고, 얼굴은 수건으로 싸매어 있었다. 예수님께서 사람들에게 나사로를 풀어 주어서, 다니게 하라고 말씀하셨다. 예수님의 "나사로야 나오라"라는 명령은 위대한 권능의 외침이었다. 물론 나사로의 부활은 앞으로 다가올 믿는 자들의 부활의 그림이었다. 나사로의 부활은 3가지 중요한 점들을 나타내고 있다.

첫째로, 죽음을 이기는 권능은 예수님 만으로부터 온다는 것이다. 예수님만이 죽은 자를 살리는 권능을 가지셨다. 예수님께서 "나사로야 나오라"라고 큰 소리로 외치신 것은 기적의 중대함을 강조한 것이다. 죽은 자를 일어나게 하는 데는 거대한 권능이 필요함을 강조하고 있다. 예수님께서 큰 소리로 외치신 것은 또한 예수님 안의 권능은 바로 하나님 자신의 권능임을 강조하고 있다. 요한복음 5:26에서 "아버지께서 자기 속에 생명이 있음 같이 아들에게도 생명을 주어 그 속에 있게 하셨고"라고 했다.

둘째로, 예수님은 "나사로야 나오라"라고 하심으로써 나사로 개인을 향한 외침이었다. 예수님은 모든 믿는 자의 이름을 알고 계시며, 모든 믿는 자 개개인의 죽음에 관심을 갖고 계신다. 우리 한 사람 한 사람의 이름을 외쳐 부르실 날이 올 것이다. 요한복음 10:14에서 예수님은 "나는 선한 목자라 나는 내 양을 알고 양도 나를 아는 것"이라고 하시고, 요한복음 10:27에서 "내 양은 내 음성을 들으며 나는 그들을 알며 그들은 나를 따르느니라"라고 하셨다.

셋째로, 예수님의 "나사로야 나오라"라는 외침의 결과는, 나사로가 즉시 살아났다는 것이다. 하나님의 아들이 부를 때, 어떤 권능도 그를 무덤에 남아 있게 할 수는 없다는 것이다. 나사로는 즉시 예수님의 명령에 순종하여 완전하게, 의심할 여지없이, 살아 있었던 전날의 모습 그대로 나타났다.

예수님은 부활한 나사로에 대한 개인적인 자상한 관심을 보이셨다. 나사로의 손발에 감겨있는 천과 수건으로 얼굴을 싸매고 있는 수건을 풀어주라고 하셨다.

나사로의 부활로 하나님 나라가 확장됨(요 11:45)

예수님께서 나사로를 죽음에서부터 일으키신 기적을 직접 본 많은 유대인들이 예수님을 믿게 됨으로써 하나님 나라가 확장되었다.

요한복음 4:39-42에 보면, 수가라는 동네의 야곱의 우물가에서, 예수님을 만나서 영원한 생수를 마시게 되어 믿게 된 사마리아 여자의 증언을 듣고서, 사마리아 사람들이 예수님을 자기네들 마을에 유하기를 청하자, 예수님께서 그 마을에 이틀 동안 유하셨다. 그들이 예수님의 말씀을 직접 듣고서 믿었다. 그리고 그들은 "우리가 믿는 것은, 이제 그대의 말 때문만은 아니오. 우리가 그 말씀을 직접 들어 보고, 이분이 참으로 세상의 구주이심을 알았기 때문이오."(요 4:42)(표준새번역) 라고 하였다.

나사로의 부활을 보고 예수님을 믿은 사람들이나, 예수님의 말씀을 직접 들어 보고 믿은 수가 동네의 사마리아 사람들은 구원받는 믿음을 갖게 되었다. 구원 받는 믿음(saving faith)은 예수님은 구세주요 생명의 주인이심을 믿고서, 자신의 전 존재와 생명을 예수님에게 드리는 믿음이다. 구원 받는 믿음을 가진 사람은 예수님께서 자신의 과거(죄)와 자신의 현재(복지)와 자신의 미래(운명)를 책임져 주심을 믿는다. 구원 받는 믿음을 가진 사람은 자신의 전 존재와 소유와 생명을 주님께 맡기는 사람이다.

나사로의 부활을 본 자들의 변화된 삶속에서 하나님의 영광을 보게된다. 나사로는 아무 말이 없지만 나사로는 위대한 증인이 되었다. 나사로는 자신이 죽고, 예수로 다시 살아난 자의 삶을 삶으로서, 그속에 새로 창조 된 자로서의 증거가 있는 것이다. 나사로의 죽음과 부활은 제자들로 하여금 예수님에 대한 믿음을 강화했으며, 제자들은 수천의 사람들에게 예수님에 대한 믿음을 갖게 하였다.

예수님은 나사로를 살리심으로써, "말씀선포+나사로를 살리시는 표적을 통한 말씀 증거⇒하나님 나라 확장"의 방법(패턴)으로 하나님 나라를 확장하셨다.

7. 결론: 예수님의 "말씀+표적⇒하나님 나라 확장"

예수님께서 4복음서에서 이 땅에서 하나님 나라 확장(교회 성장)을 위한 방법(모형)으로 "말씀 선포+표적을 통한 말씀 증언⇒하나님 나라 확장(사람들이 예수를 믿음)"을 사용하시고, 그리고 그 방법을 제자들에게 위탁의 말씀으로 주셨다.

예수님께서 하나님 나라의 말씀을 선포하시면서 중풍병자를 고치시고, 맹인 바디매오를 보게 하시고, 수로보니게 여자의 귀신들린 딸을 치유하시고, 가나의 혼인 잔치에서 물로 포도주를 만드시고, 그리고 나사로를 살리시는 표적(기적)을 통해 말씀을 증언하심으로서 하나님 나라를 확장하셨다.

예수님께서 관리의 죽은 딸을 살리심으로 하나님 나라가 확장되었다(마 9:18, 23-26). 예수님께서 새 포도주는 새 부대에 넣어야 둘 다 보전된다는 말씀을 하실 때에, 관리 한 사람이 와서 예수님께 절하며, "내 딸이 방금 죽었사오나 오셔서 그 몸에 손을 얹어 주소서 그러면 살아나겠나이다"라고 했다. 예수님께서 그를 따라가서, "이 소녀가 죽은 것이 아니라 잔다"라고 하시고, 무리를 내보낸 뒤에, 소녀의 손을 잡으시니, 그 소녀가 벌떡 일어났다. 이 소문이 온 땅에 퍼졌다. 예수님께서 관리의 딸을 살리시는 표적으로 말씀이 증언되고, 그 소문이 온 땅에 퍼짐으로 하나님 나라가 확장되었다.

예수님께서 말씀선포하시고, 귀신 쫓으시고, 문둥병을 깨끗하게 하심으로서 하나님 나라가 확장되었다(막 1:38-45). 예수님께서 제자들에게 "나는 이 일(말씀 전하는 일)을 하러 왔다."라고 하시고, 온 갈릴리와 여러 회당을 두루 찾아가셔서 말씀을 전하시고, 귀신들을 내쫓으셨다.

문둥병자 한 사람이 예수님께로 와서 "원하시면 저를 깨끗하게 하실 수 있나이다"하고 간청하였다. 예수님께서 그를 불쌍히 여기시고, 손을 내밀어 그에게 대시고 "내가 원하노니 깨끗함을 받으라"하고 말씀하시니, 곧 그는 깨끗하게 되었다. 그는 자기가 깨끗함을 받은 일을 널리 알렸다. 사람들이 사방에서 예수님께로 모여듦으로서, 하나님 나라가 확장되었다.

예수님께서 백부장의 병든 하인을 고치시고, 나인 성 과부의 아들을 살리심으로 하나님 나라가 확장되었다(눅 7:1-17). 예수님께서 자기의 모든 말씀을 백성에게 들려주신 뒤에, 가버나움으로 가셨다. 어떤 백부장의 소중한 종이 병들어 거의 죽게 되었다. 백부장은 예수님에게 "주님, 나는 주님을 내 집에 모셔 들일만한 자격이 없습니다. 그저 말씀만 하셔서, 내 종을 낫게 해 주십시오"라고 했다. 예수님께서 "이스라엘 중에서도 이만한 믿음은 만나보지 못하였노라"라고 하시고, 그 하인을 고쳐주셨다(눅 7:1-10).

그 후에 예수님께서 나인 성문에 가까이 이르렀을 때에, 과부의 외아들이 죽어, 그 동네의 많은 사람들이 그 과부와 함께 상여를 뒤따르고 있었다. 예수님께서 그 여자를 가엾게 여기시며 울지 말라 하시고, 관에 손을 대시고 "청년아 내가 네게 말하노니 일어나라!"라고 하셨다. 그러자 죽은 사람이 일어나 앉아서 말하기 시작했다. 예수님께서 그를 그의 어머니에게 돌려주셨다.

그 결과 모든 사람들이 두려움에 사로잡혀서, 하나님께 영광을 돌리며 "큰 선지자가 우리 가운데 일어나셨다. 하나님께서 자기 백성을 돌보셨다."라고 했다. 예수님에 관한 이야기가 온 유대와 그 주위에 있는 모든 지역에 퍼짐으로 하나님 나라가 확장되었다.

제2장
사도행전의 제자들의 하나님 나라 확장 (교회성장) 방법

> "말씀선포+표적을 통한 말씀 증거
> ⇒하나님 나라 확장"

1. 4복음서와 사도행전의 연결어구(행 1:1-5)와 하나님 나라 확장

1 데오빌로여 내가 먼저 쓴 글에는 무릇 예수께서 행하시며 가르치시기를 시작하심부터 2 그가 택하신 사도들에게 성령으로 명하시고 승천하신 날까지의 일을 기록하였노라 3 그가 고난 받으신 후에 또한 그들에게 확실한 많은 증거로 친히 살아 계심을 나타내사 사십 일 동안 그들에게 보이시며 하나님 나라의 일을 말씀하시니라 4 사도와 함께 모이사 그들에게 분부하여 이르시되 예루살렘을 떠나지 말고 내게서 들은 바 아버지께서 약속하신 것을 기다리라 5 요한은 물로 세례를 베풀었으나 너희는 몇 날이 못되어 성령으로 세례를 받으리라 하셨느니라(필자밑줄)

사도행전 1:1-5: 복음서와 사도행전의 연결 어구

사도행전의 저자인 누가가 "내가 먼저 쓴 글에는"라고 한 것은, 누가복음을 말하지만, 4복음서를 대표하는 말이기도 하다. 누가는 데오빌로에게 누가복음에서 예수 그리스도의 이 땅에서의 사역 내용과 생애를 기록한 것을 말하고 있다.

사도행전 1:1-5은 4복음서에서의 예수 그리스도의 사역을 종합하고 있다. 그것은 ①예수님의 행하심(works 표적)과 가르치심(Word 말씀)으로 이 땅에서 하나님 나라를 확장하신 방법(1-2절), ②예수님의 죽으심과 부활하심과 하나님 나라의 일(3절), ③예수님의 성령 임재에 대한 약속(4-5절)을 말씀하고 있다.

"예수께서 행하시며(to do) 가르치시기(to teach)를 시작하심부터"란 말씀은 4복음서와 사도행전을 연결하는 '연결어구'로서, 예수님께서 4복음서에서 하나님 나라 확장을 위해 하신 일을 요약하여 행하신 일과 가르치신 일이라고 했다.

사도행전은 제자들(믿는 자들)의 행전(행한 일과 가르친 일을 통한 하나님 나라 확장), 혹은 예수 그리스도의 계속된 행전(행하신 일과 가르치신 일을 통한 하나님 나라 확장)이요, 혹은 성령의 행전(행하신 일과 가르치신 일을 통한 하나님 나라 확장)이라 하겠다.

예수님의 행하심과 가르치심(행 1:1-2)

예수님께서 4복음서에서 "가르치심(말씀)"과 "행하심(표적)"으로 이 땅에 하나님 나라를 확장하신 것을 말씀하고 있다. 예수님께서 이 땅에서 하나님 나라의 확장을 위해 "가르치신 일"은 하나님의 말씀을 의미하고, "행하신 일"은 예수님의 능력 사역, 즉 치유, 축귀, 사람을 살리시는 등의 표적을 의미한다. 말하자면 4복음서는 예수님께서 말씀선포를 하시고, 표적(기사)의 능력 사역으로 말씀을 증언하심으로써, 이 땅에 하나님 나라를 확장시키신 일을 기록하고 있음을 나타낸다.

성령의 역사하심

예수님께서 "행하시고(표적)" "가르치심(말씀)"으로 하나님 나라를 확장하신 것은 성령의 역사하심을 통해서였다. 예수님은 이 땅에서 육신으로 계시는 동안 전적으로 하나님의 성령에게 의존하셨다. 예수님처럼, 우리도 말씀 선포와 표적으로 말씀을 증언함으로써 하나님 나라를 확장할 때 성령님께서 주시는 은사와 권능에 전적으로 의존해야 할 것이다.

사도행전 1:8에서 "오직 성령이 너희에게 임하시면 너희가 권능을 받고 예루살렘과 온 유대와 사마리아와 땅 끝까지 이르러 내 증인이 되리라"라고 하시고, 에베소서 5:18에서 "오직 성령으로 충만함을 받으라"라고 함으로써 성령의 권능을 받을 것을 강조하고 있다. 그리고 요한1서 2:27에서 "너희는 주께 받은 바 기름 부음이 너희 안에 거하나니 아무도 너희를 가르칠 필요가 없고 오직 그의 기름 부음이 모든 것을 너희에게 가르치며 또 참되고 거짓이 없으니 너희를 가르치신 그대로 주 안에 거하라"라고 함으로써, 말씀 사역과 능력(표적) 사역을 위해서 성령의 기름 부음을 받아야 한다고 했다.

마가복음 16:15-18에서 예수님은 자신이 선택하신 제자들에게 말씀

선포와 표적을 통한 말씀을 증언함으로써 하나님 나라를 확장하라는 위탁의 말씀을 주셨다. 예수님께서 승천하신 후에 제자들은 말씀을 선포하고, 표적으로 말씀을 증언함으로써 하나님 나라를 확장해 나갔다(막 16:19-20).

모든 믿는 자는 그리스도의 선택된 제자로서, 영광스러운 하나님의 메시지(말씀)를 죄로 죽을 운명에 처해 있는 세상 사람들에게 선포하고, 성령의 역사하심을 통해 표적으로 말씀을 증언함으로써, 하나님 나라를 이 땅에 확장해야할 사명을 갖고 있다.

그리스도의 수난과 부활과 하나님 나라(행 1:3)

그리스도의 십자가의 수난과 부활은 인간의 구원을 확신시켰다. 예수 그리스도가 죽으심으로 인간의 죄의 값을 지불하셨다. 베드로전서 2:24에서 "친히 나무에 달려 그 몸으로 우리 죄를 담당하셨으니 이는 우리로 죄에 대하여 죽고 의에 대하여 살게 하려 하심이라 그가 채찍에 맞음으로 너희는 나음을 얻었나니"라고 했다.

예수 그리스도가 죽음으로부터 일어나서(부활) 죽음을 정복함으로써, 믿는 자들도 죽음을 정복하고 새로운 생명 가운데서 권능의 삶을 살아가게 되었다. 로마서 6:4에서 "우리가 그의 죽으심과 합하여 세례를 받음으로 그와 함께 장사되었나니 이는 아버지의 영광으로 말미암아 그리스도를 죽은 자 가운데서 살리심과 같이 우리로 또한 새 생명 가운데서 행하게 하려 함이라"라고 했다. 고린도후서 5:17에서도 "그런즉 누구든지 그리스도 안에 있으면 새로운 피조물이라 이전 것은 지나갔으니 보라 새 것이 되었도다"라고 했다.

예수님은 부활하신 후 승천하시기 전에 40일 동안 10번 나타나셔서 하나님 나라의 일을 말씀하셨다. ①막달라 마리아에게 나타나셨다(막 16:9-11; 요 20:11-18). ②빈 무덤에 대해 알리려고 제자들에게 달려가는 여자들에게 나타나셨다(마 28:8-10). ③시몬 베드로에게 나타나셨다(눅 24:34). ④초저녁에 엠마오 도상의 두 제자들에게 나타나셨다(막 16:12; 눅 24:13-42). ⑤도마를 제외한 11제자들에게 나타나셨다(막 16:14; 눅 24:36-43; 요 20:19-25). ⑥한 주일 후, 고기 잡으러 간 제자들에게 나타나셨다(요 20). ⑦500명 믿는 자들에게 나타나셨다(고전 15:6). ⑧사도들에게 나타나셨다(마 28:16-20; 막 16:15-18). ⑨야고보에게 나타나셨다(고전 15:7). ⑩승천하실 때 믿는 자들에게 나타셨다(막 16:19-20; 눅 24:44-53; 행 1:3-12).

고린도전서 15:14에서 바울은 "그리스도께서 만일 다시 살아나지 못하셨으면 우리가 전파하는 것도 헛것이요 또 너희 믿음도 헛것이며"라고 했다. 우리는 예수님의 부활을 증언함으로써 이 땅에 하나님 나라를 확장해 나가야 하리라!

성령으로 세례(행 1:4-5)

예수님께서 사도들에게 명하시기를 예루살렘을 떠나지 말고, 아버지의 약속인 성령을 기다렸다가 성령으로 세례를 받으라고 하셨다. 믿는 자는 성령으로 세례를 받게 될 것이다. 성령 세례는, 요한이 주는 물세례가 아니라, 예수님 자신이 주시는 하나님의 성령에 믿는 자가 잠기는 것이다. 성령은 하나님 자신의 임재이다. 하나님께서 믿는 자에게 하나님 자신의 성령을 주시기로 약속하셨다. 누가복음

11:13에서 예수님께서 "너희가 악할지라도 좋은 것을 자식에게 줄 줄 알거든 하물며 너희 하늘 아버지께서 구하는 자에게 성령을 주시지 않겠느냐"라고 하셨다.

믿는 자는 기도하면서 성령 받기를 기다려야만 한다. 성령 받기를 기다리고 믿는 자는(하나님의 임재하심을 기다리는 자는) 성령의 임재하심과 권능을 더욱 더 강하게 체험하게 될 것이고, 성령에 대한 지식을 더욱 더 얻게 되어 성령이 어떻게 믿는 자의 마음과 생애에 역사하시는 가를 알게 될 것이고, 믿는 자 자신의 생애를 성령의 역사하심에 더욱 더 맡길 수 있는가를 알게 될 것이다. 그리고 성령의 은사는 하나님께서 믿는 자에게 주시는 하나님의 지고의 선물(은사)임을 알게 될 것이고, 성령의 열매(갈 5:22-23)를 더욱 더 경험하게 될 것이다. 성령의 열매는 믿는 자가 성령 충만 할 때 맺게 된다.

요한복음 14:16-17에서 예수님은 하나님 아버지께 기도함으로서 보혜사(위로자) 성령이 오셔서 제자들과 함께 있게 하시겠다며 "내가 아버지께 구하겠으니 그가 또 다른 보혜사를 너희에게 주사 영원토록 너희와 함께 있게 하리니 그는 진리의 영이라 세상은 능히 그를 받지 못하나니 이는 그를 보지도 못하고 알지도 못함이라 그러나 너희는 그를 아나니 그는 너희와 함께 거하심이요 또 너희 속에 계시겠음이라"라고 하셨다. 마태복음 3:11에서 세례자 요한은 "나는 너희로 회개하게 하기 위하여 물로 세례를 베풀거니와 내 뒤에 오시는 이는 나보다 능력이 많으시니 나는 그의 신을 들기도 감당하지 못하겠노라 그는 성령과 불로 너희에게 세례를 베푸실 것이요"라고 했다. 에베소서 5:18에서 바울은 "오직 성령으로 충만함을 받으라"라고 했다.

말씀+표적⇒하나님 나라 확장

사도행전 1:1-5은 복음서에서 예수님께서 이 땅에 하나님 나라 확장을 위하여 사용하신 방법은 "말씀+표적⇒하나님 나라 확장"이라고 하고, 사도행전에서, 예수님께서 사도들에게 위탁하신 그대로, 성령이 역사하심으로 사도들도 "말씀+표적⇒하나님 나라 확장"의 방법을 사용하여 땅 끝까지 그리스도의 증인이 되는 역사를 기록한 책이라고 하고 있다.

2. 오순절에 성령의 임재하심과 하나님 나라 확장

(사도행전 2:1-4)

> 1 오순절 날이 이미 이르매 그들이 다 같이 한 곳에 모였더니 2 홀연히 하늘로부터 급하고 강한 바람 같은 소리가 있어 그들이 앉은 온 집에 가득하며 3 마치 불의 혀처럼 갈라지는 것들이 그들에게 보여 각 사람 위에 하나씩 임하여 있더니 4 그들이 다 성령의 충만함을 받고 성령이 말하게 하심을 따라 다른 언어들로 말하기를 시작하니라

성령 임재의 예고

성경은 성령 임재에 관한 예언의 말씀을 하고 있으며, 예수님은 성령 받을 것을 말씀하셨다. 요엘이 예언하기를 "내가 내 영을 만민에게 부어 주리니... 그 때에 내가 또 내 영을 남종과 여종에게 부어 줄 것이며"(욜 2:28-29)라고 했다. 세례자 요한은 말하기를 "나는 너희로 회개하게 하기 위하여 물로 세례를 베풀거니와 내 뒤에 오시는 이는... 그는 성령과 불로 너희에게 세례를 베푸실 것이요"(마 3:11; 눅 3:16)라고 했다.

예수님은 성령에 관해 여러 번 말씀하셨다. 예수님은 제자들에게 "너희 하늘 아버지께서 구하는 자에게 성령을 주시지 않겠느냐"(눅 11:13)라고 가르치셨다. 예수님은 다락방에서 제자들에게 약속하시기를 "내가 아버지께 구하겠으니 그가 또 다른 보혜사를 너희에게 주사 영원토록 너희와 함께 있게 하리니"라고 하시고, "그는 진리의 영이라"

라고 하시고, "그는 너희와 함께 거하심이요 또 너희 속에 계시겠음이라"라고 하시며(요 14:16-17), "보혜사 곧 아버지께서 내 이름으로 보내실 성령 그가 너희에게 모든 것을 가르치고 내가 너희에게 말한 모든 것을 생각나게 하리라"(요 14:26)라고 하셨다.

예수님은 부활하신 후, 마가의 다락방에서 제자들에게 나타나셔서, 그들을 향하여 상징적으로 숨을 내쉬면서 말씀하시기를 "성령을 받으라"(요 20:22)라고 하시고, "내가 내 아버지께서 약속하신 것을 너희에게 보내리니 너희는 위로부터 능력으로 입혀질 때까지 이 성에 머물라"(눅 24:49)라고 하셨다. 그리고 "오직 성령이 너희에게 임하시면 너희가 권능을 받고 예루살렘과 온 유대와 사마리아와 땅 끝까지 이르러 내 증인이 되리라"(행 1:8)라고 하셨다.

예수님은 승천하시기 직전, 제자들에게 예루살렘을 떠나지 말고 하나님께서 약속하신 것을 기다리라고 하시고 "요한은 물로 세례를 베풀었으나 너희는 몇 날이 못 되어 성령으로 세례를 받으리라"(행 1:5)라고 하셨다.

예수님께서 승천하신 10일 후, 한 곳에 120여명의 믿는 자들이 모여 많은 기도를 하는 가운데, 오순절에 믿는 자의 무리위에 성령이 임하심으로 그들이 성령의 충만함을 받았다(행 2:1-4).

오순절 날이 이미 이르매(행 2:1)

오순절은 헬라어 "펜트코스트 Πεντηκοστή"로서 50일째란 뜻이다. 오순절은 유월절이후 50일째에 지켜지는 성령 강림의 축일이다. 오순절은 칠칠절(the feast of weeks, 처음 익은 열매를 드리는

날)이라고도 알려지고(민 28:26), 혹은 추수절, 혹은 초실절이라고도
한다(출 34:22). 출애굽기 34:22에서 "칠칠절(七七節) 곧 맥추(麥秋)
의 초실절(初實節)을 지키고 세말(歲末)에는 수장절(收藏節)을 지키
라"라고 했다.

유월절은 일주일간 지키는 감사주일로서, 하나님께서 모세의 지도
력으로 이스라엘(유대인들)을 애굽의 속박과 노예상태로부터 구원해
주신 것을 기념하는 축일이다(유월절은 주전 1300년경의 역사적 사건
임. 유월절은 니산월 15일에 시작하여 7일간 계속됨. 니산월은 유대달
력으로 1월이며, 태양력으로 3-4개월임). 유월절은 예수 그리스도의
십자가에서 성취되었다. 그리스도는 "하나님의 어린 양"으로서, 세상
의 죄를 위해서 죽으셨다. 그리스도의 죽음은 유월절 양의 희생에서
상징되었다.

오순절은 역사적으로 가장 경이적이고 중요한 사건들 중의 하나이
다. 왜냐하면 오순절은 성령의 강림하심이며, 교회사의 탄생이며,
예수님께서 약속하신 믿는 자의 개인적인 성령의 내주하심과 충만하심
이며, 성령의 열매와 은사로 성도를 온전케 하시기 때문이다.

오순절은 영광스러운 경축일로서, 특별히 3가지 이유에서 이스라엘
백성이 하나님께 찬양과 감사를 드리는 날이었다.

첫째로, 오순절은 추수 감사절과 관계가 있다. 오순절은 "초실절"이
란 이름과 같은 맥락의 것임을 말하듯이, 추수의 첫 열매를 거두기
시작할 때인 6월 1일에 경축되어진다. 이 날은 실제적으로 추수의
계절을 여는 날이다.

둘째로, 오순절은 출애굽과 관계가 있다. 출애굽은 이스라엘이 애굽

의 속박에서 해방되어 구원받은 것을 말한다(출 19-20). 하나님께서 이스라엘 백성을 애굽의 노예 상태로부터 구원해주신 날을 기념하여, 이스라엘 백성이 하나님께 감사를 드리는 날이다.

셋째로, 오순절은 시내 산에서 모세에게 주신 율법과 관계가 있다(출 19-20). 하나님의 백성이 이스라엘이란 위대한 국가를 형성하는 날이었다. 그들은 이 땅에서 바로 하나님 자신의 백성으로 살게 되는 것이었다. 그들은 그들의 삶과 그들의 국가를 다스릴 율법을 주신 하나님께 감사를 해야 했다. 출애굽 이후 50일째에 율법이 모세에게 주어진 사실을 유대인이 아는 것은 중요했다.

위에서 본 3가지 사건은 성령강림으로 완성되어짐을 보게 된다.

첫째로, 오순절이 초실절과 관계되어 추수의 첫 열매를 거두듯이, 성령의 충만함을 받았을 때(행 2:4), 첫 열매인 교회가 탄생하고, 첫 영적 추수가 시작 되었다. 성령 충만은 예수님의 죽음과 부활 이후 50일째에 시작되었다. 새로운 시작이었다.

둘째로, 오순절이 출애굽과 관계되어 구원의 날을 기념하듯이, 성령의 강림은 아주 특별한 목적이 있는데, 성령은 인간 가운데 내주하시고 역사하심으로서, 세상의 노예 상태로부터, 즉 죄와 죽음과 지옥으로부터 해방시켜 구원하시는 것이다. 하나님께서 유대인을 애굽의 노예로부터 구원하시듯이, 성령이 인간을 자유하게 하시는 것이다(고후 3:17).

셋째로, 오순절이 시내 산에서의 모세의 율법이 이스라엘 국가형성과 관계되듯이, 성령 강림은 교회가 탄생되게 하시고, 하나님의 새로운 백성이 탄생되게 하셨다. 하나님께서는, 우리를 자기의 것이라는 표로 인을 치시고, 그 보증으로 우리 마음에 성령을 주셨다(고후 1:22).

성령 강림은 새로운 법, 즉 성령의 인도하심과 권능으로 의롭게 살고 그리스도를 섬기도록 하셨다. "보혜사 곧 아버지께서 내 이름으로 보내실 성령 그가 너희에게 모든 것을 가르치고 내가 너희에게 말한 모든 것을 생각나게 하리라"(요 14:26).

그들이 "다 같이 한 곳에" 모임(행 2:1)

예수님께서 제자들에게 "내가 내 아버지께서 약속하신 것을 너희에게 보내리니 너희는 위로부터 능력으로 입혀질 때까지 이 성에 머물라" (눅 24:49)라고 하신 말씀에 순종하여, 제자들은 예루살렘에서 "다 같이 한 곳에" 모여서 성령 임재하시기를 기다렸다.

예수님은 제자들에게 "너희가 나를 사랑하면 나의 계명을 지키리라" 하시고, 예수님께서 하나님 아버지께 구하여, "다른 보혜사를 너희에게 주사 영원토록 너희와 함께 있게 하리니"라고 약속 하셨다. 보혜사는 "진리의 영"이시요 "그는 너희와 함께 거하심이요 또 너희 속에 계시겠음이라"라고 하셨다(요 14:16-17)

"다 같이"라는 것은 "마음을 같이하여"(한 마음이 되어서)라는 뜻이다. 마가의 다락방에서 제자들과 예수님의 어머니 마리아와 예수님의 아우들과 더불어 "마음을 같이하여" 오로지 기도에 힘썼는데, 모인 무리의 수가 약 120명이나 되었다고 했다(행 1:14).

"마음을 같이하여"는 영적으로 목적이 하나라는 것이다. 120여명의 성도들이 같은 마음으로, 같은 영으로, 예수님께서 약속하신 성령 세례를 받겠다는 같은 목적을 추구하고 있었다. 믿는 사람들이 날마다 **"마음을 같이하여"** 성전에 모이기를 힘쓰고 집에서 떡을 떼며 기쁨과 순전한 마음으로 음식을 먹었다고 했다(행 2:46). 또한 사도들의 손을 거쳐서 많은 기적과 놀라운 일들이 백성 가운데서 일어나니, 그들은 모두 "마음을 같이하여" 솔로몬 행각에 모이곤 하였다(행 5:12).

강한 바람 소리가 집에 가득함(행 2:2)

"홀연히 하늘로부터 급하고 강한 바람 같은 소리가 있어 그들이 앉은 온 집에 가득하며"(2:2). "홀연히"는 갑자기, 급하게, 예기치 않게, 초자연적으로, 등의 귀중한 의미를 지니고 있다.

그 소리는 "하늘로부터" 있었다. 즉 하나님으로부터였다. 이 땅의 자연 현상의 활동으로부터가 아니라, 하나님의 활동으로부터 온 것이다. 그 소리는 초자연적인 현상으로, 특별한 경우를 위해서 하나님께서 창조한 소리이다.

그 소리는 "급하고 강한 바람 같은 소리"였다. 그 소리는 바람은 아니었다. 강한 바람이 세차게 부는 것 같은 소리였다. 그 소리는 예수님의 제자들이 앉아 있는 집에, 120여명이 앉아있는 집에 가득했다. 왜 그 소리가 가득했을까?

그 소리는 사람들을 놀라게 했으며, 무슨 일이 일어났는지 알기위해 온 예루살렘으로부터 사람을 모아오게 했다. 복음의 첫 메시지를 전하기 위해 청중을 모을 필요가 있었기 때문이었다.

그 소리는 예수님의 제자들을 위해 성령의 강한 권능이 상징적으로 극적으로 필요했음을 나타낸다. 제자들은 예수님께서 메시아라는 강한 확신을 가질 필요가 있었다. 제자들은, 예수님을 십자가에 못 박은 사람들, 제자들을 예수 동조자로 박해한 사람들 앞에 서서 복음을 가르치고 설교해야 하기 때문이었다.

그 소리는 예수 그리스도께서 원하는 방법으로, 예수님의 제자들이 복음을 전하는 방법을 배우게 하기 위함이었다. 성령이 그들 위에 임함으로서, 사방에서 사람들을 모이게 하고, 무슨 일이 일어났는지를 묻도록 하여, 그들을 그리스에게로 인도하도록 하기 위함이었다.

"불의 혀처럼 갈라지는 것들"(행 2:3)

갈라진 혀들이(cloven tongues, 혀는 복수로 사용됨) 있었다. 한 혀가 갈라져서 여러 혀들이 나타나게 되고, 그 혀가 제자들의 개개인 위에 하나씩 임하여 있게 되었다.

그 혀들(tongues)은 불이 아니라, 불처럼 보였다. 그 혀들은 하나님께서 창조하신 찬란하고, 빛을 내며, 불같은 본질의 것으로써, 성령이 제자들 위에 임재(강림)하시는 순간을 극화한 것이다.

"불의 혀"가 나타난 것은, 하나님의 백성가운데 전체적으로 거하시게 된 성령의 강림하심을 상징한다. 성령이 많은 불의 혀들로 갈라지기 시작하여, 그 혀가(이때 혀는 단수 임) 믿는 자 각 사람 위에 임하셨을 때, 성령은 믿는 자 각 사람 안에 내주하시는 것과 마찬가지로 믿는 자들의 전체 무리 안에 거하심을 상징하고 있다.

각 사람 위에 임하는 성령(it, 즉 He)은 단수이며, 복수가 아니다. 성령은 제자들 중에 각 사람 위에 임하시고 내주하시는 것이다. 제자들이 받은 것은 "불의 혀들"이 아니라 "하나님의 성령"이었다.

성령께서 "불의 혀"의 형태로 나타난 것은, "혀"는 복음을 말하고,

설교하고, 나누어 갖는 도구(수단)를 상징하고 있다. 성령은 혀의 불타는 권능이 되는 것이며, 선포되어야 할 확신하는 메시지의 불타는 권능이 되는 것이다.

성령의 충만함과 다른 언어들로 말함(행 2:4)

하늘로부터 급하고 강한 바람 같은 소리가 온 집에 가득하고, 불의 혀처럼 갈라지는 것들이 각 사람 위에 하나씩 임하게 된 결과는, 두 가지 현상이 나타났는데, 성령 충만함을 받고 그리고 다른 언어들로 말하게 된 것이다.

첫째로, 제자들은 성령의 충만함을 받게 되었다. 믿는 자들의 무리(교회)와 믿는 자 각 개인은 성령으로 충만함을 받게 되었다, 그들은 무리로 그리고 각각 개인적으로 모두 성령의 임재와 권능으로 충만하게 되었다. 성령을 받으라는 것은 예수님의 명령이었다(요 20:22). 바울도 "오직 성령으로 충만함을 받으라"(엡 5:18)라고 했다.

믿는 자 각 사람은 하나님의 은총으로 성령의 은사를 주셔서 직분 수행의 능력을 주셔서 말씀을 증언하게 하시고(엡 4:11-12), 성령의 권능(은사)(고전 12:8-10)으로 능력사역을 함으로서 말씀을 증언하게 하시고, 성령의 열매(갈 22-23)로 예수님의 성품을 닮아가게 할 것이다.

성령의 은사로 주시는 직분에 관하여 바울은 "그가 어떤 사람은 사도로, 어떤 사람은 선지자로, 어떤 사람은 복음 전하는 자로, 어떤 사람은 목사와 교사로 삼으셨으니 이는 성도를 온전하게 하여 봉사의 일을 하게하며 그리스도의 몸을 세우려 하심이라"(엡 4:11-12)라고 했다.

성령의 은사(gifts, 선물들)에 관하여 바울은 "어떤 사람에게는 성령으로 말미암아 지혜의 말씀을, 어떤 사람에게는 같은 성령을 따라 지식의 말씀을, 다른 사람에게는 같은 성령으로 믿음을, 어떤 사람에게는 한 성령으로 병 고치는 은사를, 어떤 사람에게는 능력 행함을, 어떤 사람에게는 예언함을, 어떤 사람에게는 영들 분별함을, 다른 사람에게는 각종 방언 말함을, 어떤 사람에게는 방언들 통역함을 주시나니"(고전 12:8-10)라고 했다.

성령의 열매에 관하여 바울은 "오직 성령의 열매는 사랑과 희락과 화평과 오래 참음과 자비와 양선과 충성과 온유와 절제니 이 같은 것을 금지할 법이 없느니라"(갈 5:22-23)라고 했다.

누가복음 11:13에서 예수님은 "너희가 악할지라도 좋은 것을 자식에게 줄 줄 알거든 하물며 너희 하늘 아버지께서 구하는 자에게 성령을 주시지 않겠느냐 하시니"라고 하셨다.

둘째로, 제자들이 다른 언어들로 말하기를 시작했다. "다른 언어"라는 것은 틀림없이 외국 언어들을 의미한다. 제자들은 모여 있는 사람들의 나라들의 말들로 초자연적으로 말씀을 전하고 있었다. 제자들이 다른 나라 말로 설교하는 것을 보고 사람들이 신기하게 여겼다고 했다(2:7)

"다른 언어"는 또한 고린도전서 14:1-40에서 바울이 말하는 황홀한(무아지경의) 지껄임, 즉 방언을 의미할 수도 있다. 일부 학자들은 "다른 언어"를 "그로소라리아([헬] γλωσσολαλία)"라고 하는데, 헬라어 "그로사 γλῶσσα"(혀 혹은 언어란 뜻)와 "랄레오 λαλέω"(말한다, 지껄인다, 재잘거리다, 소리 낸다는 뜻)란 말의 합성어 이다.

20세기 동안에 오순절 교회와 카리스마 운동 교계에서는 그로소라리아를 성령 세례를 받은 증거로 보았다.

마가복음 16:17에서 "믿는 자들에게는 이런 표적이 따르리니 곧 그들이 내 이름으로 귀신을 쫓아내며 새 방언을 말하며"라고 했다. 사도행전 10:46에서 가이사랴에 있는 고넬료의 집에서 베드로가 말씀을 증언할 때 성령이 말씀을 듣는 이방 사람들에게까지 내리셨는데, 그 증거는 이방 사람들이 방언으로 말하고, 하나님을 높이 찬양했기 때문이다. 사도행전 19:6에서 바울이 에베소에서 믿는 자들의 머리 위에 손을 얹으니, 성령이 12명에게 내리셨는데, 그들은 방언으로 말하고 예언을 했다고 했다.

바울은 "방언을 말하는 자는 사람에게 하지 아니하고 하나님께 하나니 이는 알아듣는 자가 없고 영으로 비밀을 말함이라"(고전 14:2)라고 했다. 제자들이 성령의 내주하심을 체험하는 순간 황홀한 예배 가운데서, 황홀한 기쁨에 넘쳐서, 성령이 주시는 방언으로 말했을 것이다.

그리스도가 제자들 가운데 거하심으로써, 그리스도의 영이신 성령이 제자들 가운데 거하심으로써, 그리스도가 그들의 삶속에 거하시는 것이다. 제자들은 성령으로 충만하심으로 성령의 권능으로 충만하게 되어, 영광스러운 복음의 위대한 소식을 세상에 선포했다.

하나님 나라의 확장

세계 각국으로부터 예루살렘에 온 많은 경건한 유대인들은 예수님의 제자들이 초자연적으로 각각 자기네 지방의 말로 말하는 것을 듣고서,

어리둥절하고, 놀라고, 신기하게 여기며 감탄했다. 제자들이 각 나라 언어로 하나님의 큰일들을(놀라운 역사를) 증언함으로써 하나님 나라가 확장되었다(행 2:5-11).

일어난 사건을 본 사람들은 모두 놀라며 당황하면서 두 가지 다른 태도의 반응을 보였다(행 2:12-13). 어떤 이들은 "이게 도대체 어찌 된 일이오?" 하면서, 호감을 가지고 모든 일의 진실을 알려고 하였다. 그러나 다른 이들은 제자들을 조롱하면서 "그들이 새 술에 취하였다" 하고 말하는 사람도 있었다. 제자들이 성령 충만함으로 황홀한 경지의 기쁨에 넘쳐서 각 나라 방언으로 하나님 나라를 증언하고 있는 그 장면을 생각해 보면 "새 술에 취하였다" 하고 조롱할 만 했으리라!

베드로의 설교

베드로는 성령으로 충만하여 예수님의 승천이후 그리고 오순절의 성령강림이후, 첫 설교를 새로운 교회사에서 하였다.

말세에, 하나님께서 하나님의 성령을 모든 육체에 부어 주실 것인데(행 2:7), 즉 아들들과 딸들에게, 젊은이들과 늙은이들에게, 내 남종과 여종들에게 부어 주리라고 하셨다. 하나님의 성령을 차별 없이, 남녀와 노소에게, 자유민과 노예에게, 부한 자와 가난한 자에게, 모든 사람들에게 부어 주실 것이다.

"말세"는 예수님께서 이 땅에 오셨을 때 시작하여, 예수님께서 이 땅에 재림하실 때 끝날 것이다. 말세는 무서운 심판의 날을 포함하고, 그리고 위대한 구원의 날을 포함한다. 말세에 하나님의 성령을 부어주시겠다고 하셨다. 자녀들(아들들과 딸들)은 예언의 은사로 진리를 선포하고 예고할 것이고, 젊은이들은 환상(무아경의 계시)을 보는 은사로 하나님께서 주시는 특별한 계시를 통해(계 9:17) 마음속에 구상하고, 보고, 상상하고, 생각할 것이며, 그리고 늙은이들은 꿈을 꾸는 은사로서 하나님께서 주시는 꿈을 갖게 될 것이다(행 2:17).

모든 예언과 환상과 꿈은 영적인 은사로서 하나님의 말씀으로 측정해야 한다. 하나님의 말씀은 하나님의 계시이기 때문이다. 예언과 환상과 꿈은 그리스도를 위해 사람들에게 들려주고 증언하는 일과 관계가 있기에 단 하나라도 개인적인 유익이나 개인적인 영적 우월성을 선전하기 위해서 사용해서는 안 된다.

하나님은 하나님의 성령을 하나님의 "남종들"과 "여종들"에게 부어 주신다고 하셨다. 그 누구도 하나님의 "남종"과 "여종"이 되기까지는 아무도 하나님의 성령을 받지 못한다. 하나님은 하나님의 남종과 여종에게 예언의 은사를 주신다고 했다. 예언의 은사는 하나님 자신의 아들이신 예수 그리스도가 죄인들을 구원하시기 위해서 이 세상에 오셨음을 선포하는 은사이다.

"주의 크고 영화로운 날(주의 날)"은 그리스도가 오셔서 이 땅에 심판하시는 결정적인 종말의 날이다. "주의 날"은 몇 가지 특징이 있다. 하늘에서는(우주 공간에서는) 기사들(wonders), 즉 경이롭고 진기한 일들이 일어나고, 땅에서는 징조들(signs), 즉 하나님께서 이 땅에 사건들과 우연한 일들을 일어나게 하셔서 종말이 가까이 왔음을 경고하시고, 그리고 유혈이 낭자하고, 버섯모양의 수증기의 연기가(원자탄과 수소탄 상징?) 폭발하여 불이 되고, 태양은 가려지고,

달은 핏빛으로 변해버리게 될 것이다(행 2:19-20). 그렇지만 베드로는 주의 이름을 부르는 자는 구원을 받는다고 설교했다(행 2:21).

베드로는 "이스라엘 사람들아 이 말을 들으라!"라고 외치고는, 하나님께서 예수님으로 하여금 큰 권능과 기사와 표적으로 세상 사람들을 위해 말씀을 증언하게 하심으로써 하나님 나라를 확장하셨다고 하고(행 2:22), 그리고 베드로는 인간이 악하기 때문에, 하나님께서 계획하셔서, 하나님의 아들 예수 그리스도께서 인간의 죄를 모두 지시고 십자가에서 죽게 하시고, 부활하게 하심으로써 죽음을 이기시고 승리하게 하셨다고 했다(행 2:23-24).

베드로는 힘 있게 증언하기를, 다윗도 하나님의 예언자로서 자기의 자손 가운데서 한 분이 메시아로 오셔서, 그 분 그리스도의 부활을 예고했다고 하고(행 2:30-31), 그리고 제자들은 모두 하나님께서 이 예수를 살리신 것을 본 증인이라고 했다(행 2:32).

베드로는 증언하기를, 하나님께서는 부활하신 예수님을 높이 올려 하나님의 오른편에 앉히셨다고(영광, 존귀, 권세, 주권, 권능, 찬양 그리고 통치권의 자리를 의미함) 하고, 약속하신 성령을 주셨으며, 예수님께서는 아버지께로부터 받은 성령을 우리에게 부어 주셨다고 했다(행 2:33).

베드로는 유대인들이 십자가에 못 박은 예수님은 메시아시요, 부활하시고 높임을 받은 하나님의 아들이심을 분명히 했다. 사람들이 마음에 찔려서 "우리가 어떻게 하면 좋겠습니까?"라고 탄식 했을 때, 베드로는 "회개하여 각각 예수 그리스도의 이름으로 세례를 받고 죄 사함을 받으라"고 하고, 그리하면 "성령의 선물을 받으리니"라고 했다(행 2:38). 회개는 죄의 전적인 용서와 하나님과 회개 자와의 완전한 친교를 가져오며, 세례를 받는 것은 회개의 직접적인 표징이며, 세계 앞에 그리스도와 하나 되는 육체적인 표적을 보이는 것이다. 그렇게 되면 성령을 선물로 받게 됨을 강조하고 있다.

베드로의 설교를 받아들인 사람들은 세례를 받았으며, 그 날 신도의 수가 약 삼천 명이나 늘어남으로써 하나님 나라가 확장 된 것이다(행 2:41). 사도들을 통하여 기이한 일과 표적이 많이 일어나고(행 2:43), 믿는 사람들이 유무상통하고, 날마다 한 마음으로 성전에 열심히 모이고, 순수한 마음으로 기쁘게 음식을 먹고, 하나님을 찬양하였다. 그 결과 모든 사람에게서 호감을 사게 되어, 하나님께서 구원받는 사람을 날마다 더하여 주심으로써, 하나님 나라가 확장되었다(행 2:43 -47).

사도행전 2장에서 성령 충만으로 권능과 기사와 표적을 통한 말씀을 증언함으로써 하나님 나라가 확장 되는 것을 강조하고 있다.

3. 베드로와 요한을 통한 앉은뱅이 치유와 하나님 나라 확장

(사도행전 3:1-10)

배경

베드로는 오순절 설교에서(행 2:14-41), 이스라엘 사람들에게 "들으라"고 하면서, 나사렛 예수는 하나님께서 큰 권능(기적)과 기사(놀라운 일)와 표적으로 이스라엘 사람들에게 증명해 보이신 분이라고 했다(행 2:22). 나사렛 예수가 하나님께서 증언하신 분이란 것은, 하나님께서 나타내셨다, 입증하셨다, 보증하셨다, 드러내셨다는 뜻이다. 예수님께서 행하신 "큰 권능과 기사와 표적"은 하나님께서 하신 일이며, 하나님 자신이 나사렛 예수를 통해서 하고 계신다는 것이다(행 2:22).

베드로는, 예수님이 십자가에서 고난 받으시고 죽으신 것은, 하나님께서 정하신 계획을 따라 미리 알고 계신 대로 된 일이라고 했으며, 예수님의 십자가의 죽으심은 "법 없는 자들의 손을 빌려" 즉 인간의 사악함 때문이라고 했다(행 2:23).

예수님의 십자가의 죽으심은 인간을 구원하시기 위한 "하나님께서 정하신 뜻과 미리 아신 대로"라고 했다. 하나님은 아들 예수의 십자가의 길만이 인간을 구원하는 최상의 길임을 알고 계셨다. 하나님은 세상을 구원하시기 위해서 아들 예수님의 십자가의 죽음을 계획하신 것이다.

그러기에 요한복음 3:14-16에서 예수님은 "모세가 광야에서 뱀을 든 것 같이 인자도 들려야 하리니 이는 그를 믿는 자마다 영생을 얻게 하려 하심이니라 하나님이 세상을 이처럼 사랑하사 독생자를 주셨으니 이는 그를 믿는 자마다 멸망하지 않고 영생을 얻게 하려

하심이라"고 하셨다. 그리고 로마서 5:6에서 바울은 "우리가 아직 연약할 때에 기약대로 그리스도께서 경건하지 않은 자를 위하여 죽으셨도다"라고 했다.

베드로는 나사렛 예수의 부활은 죽음의 고통을 끝장내고 승리하셨음을 설교에서 "하나님께서 그를 사망의 고통에서 풀어 살리셨으니 이는 그가 사망에 매여 있을 수 없었음이라"(요 2:24)고 했다.

그리스도의 부활은 하나님께서 그리스도를 죽음에서 일으키신 것이며, 죽음의 고통을 없이해버린 것이다. 그리스도는 죽음을 정복하고 패해버린 것이다. 예수님은 생명 자체이시고 생명의 근원이시기에, 어둠이 빛을 삼킬 수 없는 것처럼, 죽음은 예수 그리스도를 삼킬 수 없다.

베드로는 하나님께서 예수님을 높이 올려 하나님의 오른편에 앉히시고, 약속하신 성령을 주셨다고, "예수께서는 아버지께로부터 받은 성령을, 여러분이 지금 보고 듣고 있는 것처럼 우리에게 부어 주셨습니다."(행 2:33)(표준새번역)라고 했다.

베드로는 예수님께서 하나님 아버지로부터 받은 성령을 제자들(우리)에게 주신 것을 강조하여 "너희가 회개하여 각각 예수 그리스도의 이름으로 세례를 받고 죄 사함을 받으라 그리하면 성령의 선물을 받으리니"(행 2:38)라고 했다.

나면서부터 앉은뱅이 된 자

사도행전 2장은 "큰 권능과 기사와 표적"을 통한 하나님의 말씀을 증언하고, 예수 그리스도의 부활을 통한 죽음의 정복을 증언하고,

그리고 성령의 선물을 받을 것을 강조하고 있다. 그리고 3장에서 나면서부터 앉은뱅이 된 자의 치유를 통한 하나님 나라를 증언하고 있다.

나면서부터 앉은뱅이 된 자가 치유되는 것은 교회사에서 기록된 첫 기적이다. 하나님은 그 당시 모든 사람들이 다 아는 단 한 사람의 앉은뱅이를 예수님의 제자들을 통해 치유하심으로써 대중의 관심을 집중시켜 하나님 나라를 확장하신 것이다. 이제 예수님은 당신의 제자들을 통해서 이 땅에서 역사하고 계신다. 예수님의 제자들은 죄와 수치, 고통과 죽음으로 상실된 세상에 예수님의 도구요, 대사요, 특사요, 대표요, 메신저요, 증언자이다.

예수님은 이제 제자들을 통해서 역사하신다. 예수님의 현존하심과 권능은 지금도 역사하고 있으며, 예수님의 세상을 향한 사랑과 관심은 제자들의 삶을 통해 나타나고 있다.

베드로와 요한은 제 9시(지금의 오후 3시) 기도시간에 성전에 올라가고 있었다(행 3:1). [제 3시는 지금의 오전 9시이며, 제 6시는 정오 12시이다.] 그들은 하루에 3번 정한 시간에 기도를 했다. 베드로와 요한이 정한 시간에 기도하러 성전에 간다는 사실은 그들이 기도의 충실한 용사들임을 말하고 있다. 이들 제자들은 충실하게 기도하는 분들이기에, 예수님께서 이들을 통해서 고통 하는 사람들의 절망적인 필요에 응답하시는 것이다.

하루 3번 기도하는 전례는 시편 55:17에서 다윗은 "저녁과 아침과 정오에 내가 근심하여 탄식하리니 여호와께서 내 소리를 들으시리로

다"(필자밑줄)라고 하고, 다니엘 6:10에서 "다니엘이 이 조서에 왕의 도장이 찍힌 것을 알고도 자기 집에 돌아가서는 윗방에 올라가 예루살렘으로 향한 창문을 열고 전에 하던 대로 <u>하루 세 번씩</u> 무릎을 꿇고 기도하며 그의 하나님께 감사하였더라"(필자밑줄)라고 했다.

사람들이 나면서부터 앉은뱅이 된 자를 떠메고 와서 날마다 '미문'이라는 성전 문 곁에 앉혀 놓았다. 성전으로 들어가는 사람들에게 구걸하게 하려는 것이다. 그는 아마도 여러 해 동안, 30년 혹은 40년 이상 앉은뱅이로 구걸했을 것이다. 모든 사람이 그를 알았다(행 3:10). 그는 무력한 앉은뱅이요, 그를 돕는 자는 아무도 없었으며, 가족도 없었으며, 일할 수도 없었으며, 가난하고, 무시당하고, 완전히 소외당한 자였다.

앉은뱅이는 구걸하면서, 베드로와 요한이 성전으로 들어 갈 때, 쳐다보지도 않은 완전히 무기력증에 걸린 자였다. 그는 내적으로 외적으로 상처받은 자였다. 이 앉은뱅이는, 이기적이고 탐욕적인 인간들의 냉대로부터 내적으로 외적으로 무시당하고, 고통당하고, 상처받은 수많은 자들의 산 그림이기도 하다. 또한 이 앉은뱅이는 하나님의 백성들의 무관심과 냉대로부터 고통당하고 상처받은 자들, 하나님의 사랑과 돌봄을 고백하는 바로 그 사람들로부터 고통당하고 상처받은 자들, 세상 사람들과 마찬가지로 이기적이고 탐욕적인 소위 그리스도인이라고 하는 자들로부터도 무시당하고, 고통당하고, 상처 받은 수많은 자들의 산 그림이기도 하다.

앉은뱅이의 치유를 통한 하나님 나라 확장

베드로와 요한이 그 앉은뱅이를 눈여겨보고 나서 "우리를 보라"라고 주의를 환기시킨다. "눈여겨보고 나서"란 것은 절망적으로 도움을 필요로 하는 사람에게 주목하는 것, 관심을 갖는 것, 주의를 환기시키는 것이 필요했다. 그러나 도움을 필요로 하는 자에게 관심을 갖는 것만으로 충분하지 못했다. 행동으로 옮겨야 했다.

베드로는 극적인 일을 하게 된다. 베드로는 주님께서 앉은뱅이를 돌보고 계신다는 것을 알았다. 베드로는 주님의 대사요, 대행자로서, 앉은뱅이에게 "우리를 보라"하고 그의 주목을 먼저 끌었다. "우리를 보라"는 것은 권위 있는 명령으로써, 앉은뱅이의 기대를 먼저 불러일으켰다. 베드로는 주님의 대사요 대행자임을, 앉은뱅이를 도울 계획이 있음을, 하나님께서 앉은뱅이의 필요를 해결해 주실 것임을 나타내는 것이었다. 갈라디아서 6:2에서 바울은 "너희가 짐을 서로 지라 그리하여 그리스도의 법을 성취하라"고 권고 한다.

베드로는 앉은뱅이에게 "은과 금은 내게 없거니와 내게 있는 이것을 네게 주노니 나사렛 예수 그리스도의 이름으로 일어나 걸으라"하고 명령했다. 예수 그리스도의 현존하심과 권능은 은과 금에 있는 것은 결코 아니다. 앉은뱅이가 원하는 것은 은과 금, 즉 돈이나 물질적인 것(음식, 의복, 거주할 곳)이었다. 그러나 베드로는 은과 금을, 즉 물질적인 것을 줄 수 없지만, 앉은뱅이의 근본적인 필요, 즉 육체적인 치유와 동시에 영적인 치유를 해 줌으로써 전인적인 온전함을 주겠다는 것이다.

베드로는 "나사렛 예수 그리스도의 이름으로 일어나 걸으라"라고 선포 하고나서, 앉은뱅이의 오른손을 잡아 일으켰다. 예수 그리스도의 이름은 예수님의 권세, 권능, 성품, 인격을 뜻한다. 예수님의 이름에서 바로 예수님의 현존하심과 권세와 권능이 발견된다. 예수 그리스도의 이름, 즉 예수 그리스도의 현존하심과 권세가 앉은뱅이의 필요를 해결해 줄 수 있었다. 앉은뱅이를 육체적으로 영적으로 치유해 줄 수 있었다. 베드로는 예수 그리스도의 대사로서 베드로 자신 안에 그리스도의 현존하심과 권능을 갖고 있음을 알았다.

요한복음 14:13에 예수님은 "너희가 내 이름으로 무엇을 구하든지 내가 행하리니 이는 아버지로 하여금 아들로 말미암아 영광을 받으시게 하려 함이라"고 하시고, 요한복음 16:15에서 예수님은 "너희가 나를 택한 것이 아니요 내가 너희를 택하여 세웠나니 이는 너희로 가서 열매를 맺게 하고 또 너희 열매가 항상 있게 하여 내 이름으로 아버지께 무엇을 구하든지 다 받게 하려 함이라"고 하셨다.

베드로가 "나사렛 예수 그리스도의 이름으로 일어나 걸으라"고 선포하고서, 앉은뱅이의 오른손을 잡아 일으켰다. 베드로의 예수 이름으로의 선포는 주님께서 권능으로 앉은뱅이를 치유해 주시리라는 완전한 믿음을 갖고 있음을 말한다. 앉은뱅이는 즉시 다리와 발목에 힘을 얻어, 벌떡 일어나서, 걷기도 하고 뛰기도 하며, 하나님을 찬양하면서, 제자들과 함께 성전으로 들어갔다.

마태복음 17:20에서 예수님은 "만일 너희에게 믿음이 겨자씨 한 알 만큼만 있어도 이 산을 명하여 여기서 저기로 옮겨지라 하면 옮겨질 것이요 또 너희가 못할 것이 없으리라"고 하시고, 요한복음 14:13에서 예수님은 "너희가 내 이름으로 무엇을 구하든지 내가 행하리니 이는 아버지로 하여금 아들로 말미암아 영광을 받으시게 하려 함이라"고 하셨다.

그 결과 모든 백성들이 앉은뱅이가 걷는 것과 하나님을 찬송하는 것을 보고서 "심히 기이히 여기며 놀랐다"라고 했다. 모든 백성은 앉은뱅이가 여러 해 동안 성전 입구에 앉아서 구걸하는 자임을 알고 있었다. 이제 그 앉은뱅이가 완전히 치유된 것을 보게 되었다. 그들은 앉은뱅이가 치유된 기적에 대해 의심하지 않았다. 치유 받은 앉은뱅이가 하나님을 찬송할 뿐 아니라, 앉은뱅이가 고침 받는 기적을 본 모든 백성의 지대한 관심과 놀라움을 자아내게 함으로써 그들 자신의 삶과 그들이 사랑하는 사람들에게도 기적이 일어날 것을 바라게 되었다.

마태복음 5:16에서 예수님은 "이같이 너희 빛이 사람 앞에 비치게 하여 그들로 너희 착한 행실을 보고 하늘에 계신 너희 아버지께 영광을 돌리게 하라"고 하셨다.

베드로는 오순절에 이스라엘 사라들에게 설교를 했으며, 베드로와 요한이 예수 그리스도의 이름으로 앉은뱅이를 치유함으로써 하나님 나라의 말씀이 증언되고, 사람들의 관심을 끌므로 써 하나님 나라가 확장되었다.

4. 예수님의 부활하심과 표적으로 하나님 나라 확장

(사도행전 4:1-22)

배경

베드로와 요한이 사람들에게 설교하고 있는데, 제사장들과 성전 수위대장과 사두개파 사람들이 몰려왔다(행 4:1).

사도행전 3:1-11에서 베드로와 요한이 날 때부터 앉은뱅이를 예수 이름으로 걷게 함으로써, 그가 걷기도 하고 뛰기도 하며 하나님을 찬양하였다. 성전에 모인 수천의 군중이 앉은뱅이가 치유되어 뛰어다니는 것을 보려고 몰려와서, 치유의 능력을 가진 두 사도가 선포하는 메시지를 경청한다. 그 많은 군중의 흥분과 감동된 탄성은 주위 사람들의 관심을 끌기 마련이었다.

제사장들과 성전 수비대장과 사두개파 사람들이 몰려왔다. 그들은 8주 전에 예수님을 십자가에 못 박았을 때 예수님을 추종하는 무리들은 모두 제거했다고 생각했을 것이었다. 그런데 예수님의 제자인 베드로와 요한이 공개적으로 하나님께서 예수님을 죽음에서 살리셨다고 설교하고 있었다. 그들 종교 지도자들은 예수 운동의 싹이 자라나기 전에 잘라버려야겠다고 생각했을 것이다.

제사장들은 아론의 남성 후예들로서, 예수님 당시 2만여 명의 제사장들이 있었다. 성전은 예루살렘에 위치한 것 하나뿐이기 때문에, 제사장들은 24개 그룹으로 형성되어, 각 그룹은 일주일씩 일 년에 두 번 봉사를 했다(*Preacher's: Acts*, p. 61. 참조)

성전 수비대장은 대제사장의 오른 팔의 역할을 하는 주임 행정관으로써 아마도 "성전의 총감독"(렘 20:1), "성전을 관리하는 자"(대상 9:11; 대하 31:13)라고도 한다. 그는 성전의 행정관으로써 성전 구내의 질서를 유지하는 책임을 맡은 자이다. 그가 베드로와 요한을 체포하는 것은 그의 행정적 책임이었다.

사두개파 사람들은 예수님 당시에 종교적 정치적 자유주의자들이었다. 그들은 이스라엘의 귀족이요 지배계급으로써 부자였다. 많은 사두개인들은 국가의 지배자들로 "산헤드린"이라 불렀다. 일반적으로 대제사장은 사두개로서 산헤드린의 의장직을 맡았다. 산헤드린은 로마제국을 대신해서 백성을 다스렸다(행 4:1-2; 5:17). 로마인들이 사두개인들을 신임한 것은 사두개인들이 유대 관습보다 헬라(희랍)와 로마 관습 즉 헬레니즘을 선호했기 때문이다.

사두개인들은 바리새인들과 마찬가지로 주전 175년경에 나타나게 되었다. 그들은 수적으로는 적었다. 사두개인들은 세속적이고 물질주의적인 경향의 사람들로서 합리주의적인 사람들이었다. 그들은 예수님 당시에 제사장직에 깊은 지반을 두고서, 로마정부에 협조하면서, 요직과 권력과 부를 누리고 있었다. 그들은 대부분 초자연적인 현상들, 즉 부활과 기적, 죽음 후에 삶, 천사나 영혼의 존재, 천국과 지옥 같은 것을 부정했다(마 22:23; 행 23:8). 그들에겐 이 세상의 것뿐이었다. 사람이 살다가 죽으면, 그것으로 끝나는 것이었다. 죽은 후에 보상이나 형벌이나 영생이란 것은 없었다(마 22:23-33).

베드로와 요한은 예수님께서 죽음에서 부활하셨다고 하고, 사람들의 부활도 선포하기 때문에 종교지도자들(종교주의자들)은 위협을 느끼고 격분했다. 종교지도자들이 염려하는 것은 예수님의 제자들이 백성의 가슴에 부활에 대한 위대한 희망을 주는, 즉 작은 불씨만 붙여도, 백성은 메시아의 오심에 대한 위대한 감동으로 흥분하게 되지 않을까 하는 것이었다. 그들은 예수님에 관해서 설교하는 것을, 특히 예수님의 부활의 희망에 관해서 설교하는 것을 허락할 수 없었다. 왜냐하면 예수님의 부활은 예수님을 따르는 사람들의 부활을 의미하기 때문이었다. 그들은 사람들이 예수 운동을 따르는 것을 철저히 막아야만 했다.

종교지도자들은 백성들의 충성심과 존경심을 잃음으로써 백성을 잃을까 두려워했다. 그들이 백성을 잃으면, 그들은 자신들의 지위와 권세와 함께 생계(生計)를 잃어버리기 때문이었다. 만일 그들이 백성들의 충성심을 상실함으로써, 백성들이 소요를 일으킨다면, 로마는 그들 대신에 다른 지도자들을 세울 것이다. 로마군은 보통은 관대한 편이지만, 소요나 불충성은 재빠르게 진압해 버리고 새로운 지도그룹을 세웠다.

종교지도자들은 백성들이 자신들의 교리가 잘못되었다고 생각할까 봐 두려워했다. 제자들이 예수님의 부활신앙을 계속 가르친다면, 종교지도자들이 가르치는 교리가 밀려나게 되고, 백성들로부터 그들 자신의 종교와 함께 지도력을 상실하게 됨으로써 그들 자신의 설 자리가 근본적으로 흔들리게 될 것이다.

종교지도자들은 그들이 예수님을 십자가에 못 박은 것이 잘 못되었다는 것을 인정하기를 두려워했다. 만일 예수님이 진실로 부활하신 하나님의 아들이라면, 그들은 하나님의 아들을 거부한 중죄인이 되는 것이다.

베드로와 요한을 재판하기 위해 유대의 지도자들과 장로들과 율법학자들이 예루살렘에 모였다. 지도자들, 장로들, 율법학자들은 "산헤드린"을 의미한다. 산헤드린은 유대의 대법원으로서 통치 의회이며, 바리새인들, 사두개인들, 서기관들, 율법학자들, 장로들로서 71명의 위원들로 구성되어 있으며, 대제사장이 의장이 된다. 정족수는 23명이었다. 산헤드린이 사형선고를 하는 법적인 힘은 예수님을 재판하기 20여 년 전에 금지되었으나, 출교 권은 갖고 있었다. 그들은 반원형으로 좌석을 배치하고서, 의장인 대세사장은 상좌에 앉았다.

"지도자들"은 산헤드린 위원들 전체를 언급하는 말이며, "장로들"은 나라에서 가장 존경 받는 사람들을 언급하는 말로서, 때때로 전체 산헤드린 위원들을 두고 "장로들"이라고 칭하며, "율법학자들"은 서기관들로서 유대 율법에 대한 전문가들 즉 박사들을 언급할 때 사용한다. 그러기 때문에 어떤 의미에서는 지도자들, 장로들, 율법학자들은 동의어라고 할 수 있겠다.

안나스는 로마인들로 인해 실제로 대제사장 직에서 밀려났으나, 그의 영향력은 막강함으로 대부분의 유대인들이 대제사장으로 인식하고 있었다. 가야바는 로마인들에게 인정받는 대제사장이었다. 요한과 알렉산더는 대제사장의 가족에 속한 자들이긴 하나 누구인지 알려져 있지 않고 있다(행 4:6).

그들 산헤드린 위원들은 베드로가 예수 그리스도를 통한 부활을 설교하고 있다는 것을 알고 있었기에, 그런 설교를 중단시켜야만 했다. 중단시키지 않으면 산헤드린 위원들은 백성들의 충성심을 상실함과 동시에 그들의 지위와 생계도 상실할 위험을 감수해야만 했다. 그래서 그들은 사도들을 고발할 기회를 찾아서 베드로와 요한으로 하여금 부활 신앙의 설교를 못하게 했다.

예수 이름의 권능과 성령 충만(행 4:5-10)

종교지도자들(제사장들과 성전 수위대장과 사두개파 사람들)은 사도들(베드로와 요한)이 사람들을 가르치는 것과, 예수님의 부활을 설교함과 동시에, 예수 안에 죽은 사람들의 부활을 선포하고 있는 것에 격분해서, 사도들을 체포했으나, 재판하기에는 날이 이미 저물었으므로, 다음날까지 가둬 두었다(행 4:3).

중요한 것은 사도들이 체포당하기 전에 충분히 예수님의 부활과 예수 안에 죽은 자들의 부활복음을 전했음으로, 사도들의 말을 들은 사람들 가운데서 예수를 믿기로 결심한 사람은 남자 어른의 수가(부인들과 어린아이들을 포함 시키지 않고) 약 5천 명이나 되었다(행 4:4). 사람들의 성정은 희망, 특히 위대한 희망에 반응하기 마련이다. 이스라엘은 애굽에서 종살이한 민족이요, 로마 통치하에서 자유를 상실당하고 있는 백성이라, 작은 희망의 불꽃만 튀여도 큰 흥분을 불러일으킬 수 있었다. 베드로와 요한이 설교하는 메시아에 대한 소망과 부활신앙의 메시지(예수님의 부활과 함께 예수 안에 믿는 자들의 부활)는 백성의 마음에 위대한 희망의 불을 지펴놓았다.

박해를 한다고 해서 말씀이 전파되지 못하고, 하나님의 성령이 역사하지 못하게 할 수는 없었다. 어떤 반대가 있어도 말씀은 전해지고, 성령은 역사하시는 것이다. 바울은 "복음으로 말미암아 내가 죄인과 같이 매이는 데까지 고난을 받았으나 하나님의 말씀은 매이지 아니하니라"(딤후 2:9)라고 고백했다.

그들 산헤드린 위원들은 사도들에게 곧바로 "그대들은 대체 무슨 권세와 누구의 이름으로 이런 일을 하였소?" 하고 물었다(행 4:7). 하나님은 베드로와 요한을 성령으로 무장시키셨다. 베드로가 성령으로 충만하여 중요한 몇 가지 요점을 그들에게 말하였다.

말씀을 선포하고 병자를 낫게(온전케) 하는 것은, 베드로에 의하면, "나사렛 예수 그리스도의 이름을 힘입어서", 즉 나사렛 예수 그리스도의 이름의 권세로 된다고 했다(행 4:10). 베드로는, 예수님은 그리스도로서 메시아(구세주)임을, 선포했다. 사람을 낫게 하는 것, 즉 몸과 영혼을 온전케 하는 것은 베드로도, 요한도, 어떤 인간도 아니요, 나사렛에서 오신, 하나님의 아들, 예수 그리스도(메시아, 구세주) 그 분임을 분명히 했다.

예수 그리스도 그 분은 이스라엘의 최고 종교지도자들이 십자가에 못 박아 죽인 하나님 자신의 아들, 메시아(구세주) 그 분임을 분명히 했다. 베드로와 요한의 이런 고발은 이스라엘의 종교지도자들에게 향한 고발일 뿐 아니라 모든 인류에게 향한 고발이었다. 베드로와 요한은 모든 인류의 예수 그리스도의 죽음에 대한 죄를 고발하고 있는 것이다. 그리고 베드로는 인간을 치유하신 것(온전케 하신 것)은 하나님께서 죽음으로부터 일어나게 하신 예수 그리스도임을 선포했다. 베드로는, 인간을 치유하시는(온전케 하시는) 권능을 가지신 분은 부활하시고 승천하셔서 하나님 우편에 계시는 예수 그리스도의 권능임을 선포했다.

베드로와 요한은 예수님과 함께 있었던 제자들이었음을 분명히 했다(행 4:13). 종교지도자들은 베드로와 요한이 본래 배운 것이 없는 보잘것없는 사람인 줄 알았는데, 이렇게 담대하게 말하는 것을 보고 놀랐다. 그들이 베드로와 요한을 인정하지 않을 수 없는 것은 베드로와 요한의 담대함과 권능이었다. 그들은 예수님 안에 담대함과 권능을 보았기 때문에 제자들의 담대함과 권능에 두려움을 느꼈다. 제자들의 담대함과 권능은 교육에서 온 것이 아니라, 예수님과 함께 있었기 때문에 성령의 역사에서 온 것이었다. 그 권능의 증거로 제자들을 통해 병 고침 받은 사람이 제자들 곁에 서있는 것을 보고는, 그들은 아무런 트집도 잡을 수가 없었다(행 4:14).

종교지도자들은 베드로와 요한을 협박하고 있었지만, 제자들을 통해 분명히 기적이 일어났다는 사실을 인정하고 있었으며, 예루살렘에 사는 모든 사람이 그 기적을 다 알고 있었기에, 자기네들도 그 기적을(병자가 고침 받은 사실을) 부인할 수 없었다(행 4:16). 고침받은 그 사람, 즉 온전케 된 증인이 종교지도자들 앞에 서 있었기 때문에, 종교지도자들이 할 수 있는 일은, 다만 기적의 소문이 사람들에게 더 퍼지지 못하도록 하려고 했다. 그들은 베드로와 요한을 불러서, 앞으로는 예수의 이름으로 아무에게도 말하지도 말고 가르치지도 말라고 엄중히 경고할 뿐이었다(행 4:18). 베드로와 요한은 대답하기를 "하나님의 말씀을 듣는 것보다 당신들의 말을 듣는 것이, 하나님 보시기에 옳은 일인가를 판단해 보시오. 우리로서는 보고 들은 것을 말하지 않을 수 없소"라고 했다. 예수님은 마태복음 5:11에서 "나로 말미암아 너희를 욕하고 박해하고 거짓으로 너희를 거슬러 모든 악한 말을 할 때에는 너희에게 복이 있나니"라고 하셨다.

하나님 나라 확장(행 4:21-22)

베드로와 요한을 통해 치유의 기적이 일어난 역동적인 증거를 보고서 모든 백성이 하나님께 영광을 돌림으로, 하나님 나라가 확장 되었다. 왜냐하면 그리스도의 권능이 40년간 병으로 무력하였던 바로 그 사람이 온전케 되어 그 자리에 증거로 서 있었기 때문이다. 베드로와 요한을 통하여 나타난 기적은 마태복음 5:16에서 "이같이 너희 빛이 사람 앞에 비치게 하여 그들로 너희 착한 행실을 보고 하늘에 계신 너희 아버지께 영광을 돌리게 하라"고 하신 예수님의 말씀이 사실로 이루어지는 예증이었다.

유대의 종교지도자들도 예수님의 역사적인 부활 사건과 예수님 이름으로 병자를 치료하는 표적으로 사도들의 말씀이 증언됨으로써, 백성들이 하나님께 영광을 돌림으로 하나님 나라가 확장되는 것은 막을 수가 없었다.

제자들의 기도는 박해와 위협을 중단해 달라는 것도 아니요, 악한 자들을 멸해달라는 것도 아니고, 이제 "담대하게 주님의 말씀을 말할 수 있게" 해달라는 것이었다(행 4:29). 제자들의 사명은 하나님의 말씀을 전하는 것임을 분명히 하고 있다. 하나님의 말씀을 증언하는데 필요한 것은 치유의 권능과 예수의 이름으로 역사하는 표적과 기적임을 분명히 하였다. 그러기에 "손을 내밀어 병을 낮게 하시옵고 표적과 기사가 거룩한 종 예수의 이름으로 이루어지게 하옵소서"라고 기도했다(행 4:30). 사도들의 이러한 기도는 4복음서의 "말씀선포+치유의 표적을 통한 말씀 증언⇒하나님 나라 확장"의 방법(패턴)과 일치하는 것이다.

사도들이(교회가) 기도를 마치자, 그들이 모여 있는 곳이 흔들리고, 그들 모두가 성령으로 충만해서, 하나님의 말씀을 담대히 말하게 되었다. 땅이 흔들린 것은 기적으로, 이 표적은 하나님께서 물질적인 우주를 지배하고 계신다는 것을 나타내고 있다(행 4:24). 성령으로 충만함으로 성령의 은사로 복음사역을 감당하게 할 것이고, 성령의 열매로 그리스도의 인격을 닮아가게 되어, 하나님의 말씀을 담대하게 선포하게 될 것이다.

사도들의 손을 거쳐서 많은 기적과 놀라운 일들이 백성 가운데서 일어났기 때문에 백성들은 사도들을 칭찬했다. 믿는 사람들이 더욱 늘어나면서 주께로 나아오니, 남녀 신도들이 큰 무리를 이루게 됨으로써 하나님 나라가 확장되었다(행 5:12-14).

심지어는 병든 사람들을 거리로 메고 나가서, 침상이나 깔 자리에 눕혀 놓고, 베드로가 지나갈 때에, 그 그림자라도 그들 가운데 누구에게 덮이기를 바라기도 했다. 예루살렘 근방에 있는 여러 동네에서 많은 사람들이, 병든 사람들과 악한 귀신에게 시달리는 사람들을 데리고 모여들었는데, 그들은 모두 고침을 받음으로 하나님의 말씀이 증언되고, 하나님 나라가 확장되었다(행 5:15-16).

5. 베드로를 통한 중풍병자 애니아의 치유와 하나님 나라 확장(사도행전 9:32-42)

예수 그리스도는 베드로를 유대인의 사도로 선택하셔서 지도자의 역할을 담당하게 하셨기에(갈 2:8), 베드로가 유대인 믿는 자들이 있는 곳으로 두루 다니며 말씀을 가르치고 전하는 것이 그의 의무요 사명이었다.

예루살렘 교회가 박해를 받기 시작하여, 믿는 자들은 모두 유대 지방과 사마리아 지방으로 즉 팔레스타인 전체 지역으로 흩어졌다(행 8:1-4). 그래서 베드로는 위로와 선교 여행을 시작하여 여러 지방으로 흩어진 믿는 자들을 방문하여, 그리스도의 말씀을 설교하고 가르쳤다.

베드로는 주님께서 주신 사명에 충실하여, 모든 지방(유대, 갈릴리, 사마리아)을 두루 다니면서(행 8:4, 14, 25), 믿는 자들에게 주님의 말씀을 증언하며 복음을 전하였다(행 8:25).

룻다

베드로는 룻다에 내려가서, 거기에 사는 성도들(saints)도 방문하였다(행 9:32). "룻다"는 구약성경에서는 "롯(Lod)"(대상 8:12) 혹은 "로드(Lot)"(스 2:33; 느 7:37)라고 알려져 있다(영어 성경에는 "Lod"라고 한 것을 한글 성경에는 각각 "롯" 혹은 "로드"로 표기하고 있음). 룻다는 예루살렘 서북쪽으로 30마일에 위치하고 있으며, 욥바 남쪽으로 10마일에 위치하고 있다. 룻다는 비옥한 샤론 평원 가운데 위치하고 있으며, 바벨론에 포로로 잡혀간 유대인들이 석방되었을 때 귀환한 도시들 중의 하나이었다. 룻다는 중요한 상업 도시로서, 바벨론에서부터 애굽으로 가는 대상 통로에 위치하고 있었다.

베드로는 룻다에 내려가서, 거기에 사는 "성도들(saints)"을 방문했다고 했다. 다메섹의 아나니아라는 제자가 처음으로 믿는 자를 "성도(saint)"라고 불렀다(행 9:13). 주님께서 아나니아에게 환상 중에 직가라 하는 거리로 가서 유다의 집에서 다소 사람 사울이라 하는 사람을 찾아서 안수하여 다시 보게 하라고 하셨다. 그 때 아나니아가 대답하기를 "주여 이 사람에 대하여 내가 여러 사람에게 듣사온즉 그가 예루살렘에서 주의 성도에게 적지 않은 해를 끼쳤다 하더니"(행 9:13)(필자밑줄)라고 했을 때 아나니아가 처음으로 "성도"라는 말을 사용했다. "성도"는 성화되었거나 거룩한 자들에 대한 언급으로, 단순히 분리된 자란 뜻이다. 사람이 그리스도를 믿게 될 때, 하나님을 위해 즉시 분리되어졌다고 한다.

중풍병자 애니아를 고치다(행 9:34)

베드로는 룻다에서 8년 동안이나 중풍 병으로 자리에 누워 있는 애니아라는 사람을 만났다. 애니아는 중풍 병으로 8년간이나 침상에 누워 지냈으니 절망적이었다. 침상에서 일어나지도 못하고, 걸어 다니지도 못하고, 스스로 옷을 입는다던지 밥을 먹는다던지 하지도 못하고, 활동하지도 못했을 것이다. 그는 침상에서 일어나서 집을 떠나 사회활동이라고는 전연 못했을 것이다.

애니아 본인은 물론이고, 그의 가족과 그를 돌보는 사람도 절망적이고 무기력했을 것이다. 그 곳에는 의사도 없었고 그의 병을 호전시켜줄 사람은 아무도 없었다. 애니아는 여생을 중풍 병자로 살아가야 할 운명이었다. "내 영혼이 살기에 곤비하니 내 불평을 토로하고 내 마음이 괴로운 대로 말하리라"(욥 10:1)라고 하는 욥과 같은 탄식 소리를 애니아는 발했을 것이다.

그런 어려운 상황에서, 베드로가 "애니아야 예수 그리스도께서 너를 낫게 하시니 일어나 네 자리를 정돈하라"(행 9:34)고 선포했다.

중풍병자 애니아에 관해 알려진 것은 애니아란 이름 외에는 아무 것도 없다. 그는 명성이 없는 것은 물론이고, 존재도 없는 자이며, 사회에 공헌하는 자도 아니고, 중요한 인물은 더욱 아니었다. 그러나 하나님에게는 대단히 중요한 인물이었다.

세상에서는 존재도 없는 인물을 향하여 베드로는 "예수 그리스도께서 너를 낫게 하시니"라고 선포했다. 베드로는 "내가 너를 낫게 하니"라고 하지 않았다. 나의 권능으로, 나의 믿음으로 너를 낫게 한다고 하지 않았다. 베드로는 애니아를 낫게 하시는 분은 예수 그리스도요, 예수님의 권능임을 분명히 하고 있다.

베드로가 "예수 그리스도께서 너를 낫게 하시니"라고 선포하자, 애니아는 즉시 "여기" 그리고 "지금" 그 자리에서 나음을 받았다. 베드로가 말씀을 선포하자 그 말씀은 영적으로, 육적으로 완전히 온전함의 역사로 이루어졌다.

베드로가 "일어나 네 자리를 정돈하라"고 명령하자, 애니아는 바로 일어났다. 베드로가 애니아에게 일어나라고 도전장을 던지자, 애니아는 그 말씀을 믿고 바로 일어나서 자리를 정돈했다. 바로 행동한 것이었다.

하나님 나라 확장(행 9:35)

예수 그리스도의 이름으로 애니아가 치유되는 것을 보고, 룻다에 있는 사람들뿐만 아니라 샤론에 사는 사람들도 모두 주께로 돌아옴으로써 하나님 나라가 확장되었다. 사람들은 애니아의 중풍병을 고쳐주시는 예수 그리스도의 권능을 "보고" 그리스도에게로 돌아온 것이다. 인간의 생애 속에서 그리스도의 권능만큼 보다 더 큰 영향을 끼치는 것은 없을 것이다. 인간의 삶속에서 그리스도가 현존하시고 역사하심을 직접 보고 체험하고 있다는 증언이야말로, 사람들을 그리스도에게로 돌아오게 하며, 이 땅에 하나님 나라가 확장되게 할 것이다. 사도행전 4:20에서 베드로와 요한은 "우리는 보고 들은 것을 말하지 아니할 수 없다"라고 했다.

샤론(혹은 사론 Sharon)

애니아가 치유 되는 것을 보고 룻다와 샤론에 사는 사람들이 다 주께로 돌아왔다고 했는데, 샤론은 도시가 아니라 풍요로운 해안 평원이다. 샤론은 중앙 산맥과 지중해 사이에 놓여있었다. 샤론 지역 경계선 안에는 룻다, 욥바, 가이사랴, 도르, 안티파트리스와 같은 도시가 세워져 있었다. 샤론 평원은 너무나 기름져서, 샤론의 목초지나 아름다움은 이름난 지역으로, 아가 2:1에서 "나는 샤론의 수선화요 골짜기의 백합화로다"라고 노래하고 있으며, 샤론 골짜기도 유명하여 역대상 27:29에서 "샤론 사람 시드래는 샤론에서 먹이는 소 떼를 맡았고 아들래의 아들 사밧은 골짜기에 있는 소 떼를 맡았고"라고 하고 있다. 샤론 골짜기는 영원의 상징으로, 하나님께서 창조하기로 약속하신 새 하늘과 새 땅의 상징으로 사용되기도 한다. 이사야 35:1-2에서 광야와 메마른 땅이 기뻐하며, 사막이 백합화처럼 피어 즐거워할 것이며, 그리고 사막은 꽃이 무성하게 피어, 크게 기뻐하며, 즐겁게 소리 칠 것이다. 레바논의 영광과 갈멜과 샤론의 영화가, 사막에서 꽃 피며, 사람들이 주의 영광을 보며, 우리 하나님의 영화를 볼 것이라고 했다. 그리고 이사야 65:10에서 하나님께서 "샤론 평야는 나를 찾는 내 백성이 양 떼를 치는 목장이 되고"라고 하셨다. 구약성경에서 샤론 계곡의 목초지는 갓 지파가 소유하고 있었다(대상 5:16). 애니아의 치유로 아름답고 광범위한 샤론 평원에 있는 수많은 사람들이 모두 예수님께로 돌아왔음을 증언하고 있다. 하나님 나라가 샤론에 확장된 것이다.

6. 베드로를 통한 다비다의 살아남과 하나님 나라 확장

(사도행전 9:36-42)

배경

욥바는 이스라엘의 수도인 예루살렘을 위한 항구 도시로서, 구약 세계의 도처에서 상업 품들을 수송해 왔다. 욥바는 애굽과 갈멜산 사이의 휴식처를 제공하는 유일한 항구로서, 전 세계로부터 유대인들과 이방인들이 함께 거주하는 부산한 항구 도시요, 고대 중동의 가장 오래된 도시 중의 하나로, 요나가 "다시스로 도망하려 하여 욥바로 내려갔더니"(욘 1:3)라고 함으로써, 요나 시대로 소급해 올라간다(욘 1:3). 구약성경에서 욥바는 단 지파에 할당 된 지역이요(수 19:46), 신약성경에서 베드로가 죽은 도로가(다비다)를 살린 도시요(행 9:36 이하), 고넬료로 하여금 베드로를 청해 이방인들을 복음화 하는 환상을 본 도시이다(행 10:1-5).

욥바에 '다비다' 라는 충실한 신자가 있었다. 그녀의 히브리(유대인) 이름은 "다비다"요, 헬라(희랍) 이름은 "도르가"였다. 그녀의 이름의 뜻은 아프리카 영양의 일종인 "가젤" 즉 암사슴이란 뜻으로서 가장 아름다운 동물을 상징한다. "가젤"은 날씬하고, 우아하고, 사랑스러우며, 빛나는 눈과 부드러운 용모를 지닌 것으로 알려져 있다.

도르가는 "가젤"과 같은 특성을 지닌 여성임을 분명히 하고 있으며, 도르가와 같은 성격의 부인을 잠언 5:19에서 사랑스럽고 유쾌한 암사슴에 비유하고 있다. 도르가는 분명히 아름다운 여성이며, 우아하고 사랑스럽고, 빛나는 눈빛을 가진 부드러운 여성임에 틀림이 없다.

도르가는 예수 그리스도에게 헌신적인 제자였으며, 도움이 필요한 사람들, 특히 과부들에게 "선행과 구제하는 일"을 대단히 열심히 많이 행한 여성이었다.

도르가는 자신이 직접 만든 속옷과 겉옷을 부인들에게 나누어 준 것을 보면(행 9:39), 그녀는 아마도 잘 사는 부자요, 많은 옷감을 사서, 부지런하게 옷을 만들어 필요한 사람들, 특히 많은 과부들에게 나누어 주었음에 틀림이 없다. 도르가는 디모데전서 6:18에서 바울이 말씀한 "선을 행하고 선한 사업을 많이 하고 나누어 주기를 좋아하며 너그러운 자가 되게 하라"라는 말씀과 같은 사람이리라...

도르가는 가난한 사람들 가운데서 사역을 하는 도중에 갑자기 비극적으로 병들어 죽은 것 같다. 도르가는 주안에서 성숙하게, 효과적으로, 진실하게, 사랑으로 선교한 여성임에 틀림이 없다. 그러기에 사람들은, 그 당시 유대인의 풍습을 따라, 죽은 도르가의 시신을 급히 땅에 묻지 않고, 사람들이 그의 시신을 씻어서 다락방에 뉘여 두었다. 그리고 제자들은 베드로가 욥바에서 가까운 룻다에 있다는 것을 알고, 두 사람을 보내어 지체 말고 와 달라고 간청하였다.

제자들은 베드로가 룻다에서 중풍병자 애니아를 예수 그리스도의 이름으로 일어나게(치유) 했음을 들었으며, 그리고 사람들은 예수님께서 죽은 자를 살리셨음을 들었다. 죽은 도르가를 묻지 않고 베드로를 모셔오라고 사람을 급히 보낸 것을 보면, 도르가의 도움을 받은 사람들은 베드로가 예수 그리스도의 이름의 권능으로 죽은 도르가를 살리리라는 가능성에 대한 큰 믿음을 갖고 있었음을 나타내고 있다. 욥바의 믿는 자들은 주님의 뜻이라면, 주님께서 도르가를 살려주실 것을 진심으로 믿고 있었다.

베드로가 도착하자마자, 도르가가 도와준 사람들이 베드로를 다락 방으로 데리고 올라갔다. 과부들이 모두 베드로 곁에 서서 울면서, 도르가가 그들과 같이 지낼 때에 만들어 준 속옷과 겉옷을 베드로에게 보여 주었으며, 실제로 도르가가 만들어 준 옷들을 입고 있었다. 도르가는 예수님께서 마태복음 5:16에서 "이같이 너희 빛이 사람 앞에 비치게 하여 그들로 너희 착한 행실을 보고 하늘에 계신 너희 아버지께 영광을 돌리게 하라"라는 말씀을 실천한 여성이었다.

베드로가 "다비다야 일어나라"하고 명령하니 살아나다 (행 9:40-41)

베드로는 모든 사람을 바깥으로 내보내고 나서, 무릎을 꿇고 기도했다. 베드로는 주님과 홀로 있어야만 했다. 베드로는 주변의 방해를 받지 않고, 혼자서 집중하여, 살아계신 주님께 기도하기를 원했다. 그리고서 베드로가 시신 쪽으로 몸을 돌려서 "다비다야 일어나라!"하고 명령했다. 다비다는 눈을 떠서 베드로를 보고, 일어나서 앉았다.

성경에 베드로와 다비다(도르가)의 경우와 유사하게 죽은 자녀를 살리는 경우가 세 번 있었다. 예수님께서 회당장 야이로의 12세 된 딸을 살리신 경우와(막 5:40-42), 엘리야를 통해 사르밧 과부의 아들이 살아난 경우와(왕상 17:17-24), 엘리사를 통해 수넴의 귀부인의 아들이 살아난 경우가 있다(왕하 4:18-37).

예수님께서 회당장 야이로의 죽은 딸의 손을 잡고 "달리다굼(소녀야 일어나라)"라고 하시니, 그 소녀가 곧 일어나서 걸었다.

엘리야는 사르밧 과부의 아들을 자기가 거처하는 다락에 올라가서 자기 침상에 누이고, 그 아이 위에 몸을 3번 펴서 엎드리고, 하나님께 부르짖기를 "내 하나님 여호와여 원하건대 이 아이의 혼으로 그의 몸에 돌아오게 하옵소서"라고 하니, 그 아이가 살아났다. 여인이 엘리야에게 "내가 이제야 당신은 하나님의 사람이시요 당신의 입에 있는 여호와의 말씀이 진실한 줄 아노라"라는 말을 남겼다(왕상 17:24).

수넴의 귀부인의 죽은 아들이 엘리사가 눕던 침대 위에 뉘어 있었다. 엘리사는 방문을 닫고 하나님께 기도를 드린 다음에, 침대 위로 올라가서, 그 아이 위에 몸을 포개어 엎드려서, 자기 입을 그 아이의 입 위에 두고, 자기 눈을 그 아이의 눈 위에 두고, 자기의 손을 그 아이의 손 위에 놓고, 그 아이 위에 엎드리니, 아이의 몸이 따뜻해지기 시작했다. 엘리사가 잠시 집 안 이곳저곳을 한 번 거닌 뒤에 다시 올라가서, 그 아이의 몸 위에 몸을 포개어 엎드리니, 마침내 그 아이가 7번이나 재채기를 한 다음에 살아났다.

예수님께서 회당장 야이로의 딸을 살리실 때 "달리다굼(소녀야 일어나라)"라고 명령하신 것처럼(막 5:41) 베드로도 담대하게 "다비다야 일어나라!"하고 명령했다. 도르가가 살아난 것은 주님의 뜻이었으며, 주님의 긍휼하심을 나타내는 것이다.

하나님 나라가 확장됨(행 9:41-42)

베드로가 손을 내밀어서, 다비다를 일으켜 세우고, 성도들과 과부들을 불러서, 다비다가 살아난 것을 보여 주었다. 다비다가 살아난 것이 욥바에 알려지니, 많은 사람이 예수님을 믿게 되었다.

다비다가 살아남으로써 베드로가 그 지역의 이방인들에게 복음을 전하는데 놀랍게도 선교의 문이 크게 열리게 되었다(행 9:42). 다비다가 살아남으로써 많은 사람들이 영적 죽음으로부터 영적 삶으로 돌아서게 되고, 육체적인 죽음으로부터 영원한 삶으로 돌아서게 되었다. 많은 사람들은, 그 날에, 그리스도와 함께 살기를 원함으로써, 그 날은 영광의 구원의 날이 되었으며, 하나님 나라를 확장하는 날이 되었다.

베드로는 다비다를 살리는 표적을 통해서 하나님의 말씀을 증언하게 되고 욥바에서 하나님 나라를 확장하게 되었다. 베드로의 사역도 "말씀선포+표적을 통한 말씀 증거⇒하나님 나라 확장(룻다, 샤론, 욥바)"의 방법(패턴)을 따르고 있음을 볼 수 있다.

7. 바울을 통한 표적으로 말씀 증언과 하나님 나라 확장

(사도행전 19:8-20)

바울이 소아시아의 북부지방(갈라디아와 브루기아의 고원지대)을 지나, 에베소에 도착했다. 그러나 아볼로는 벌써 고린도에 가있었기에 두 사람은 서로 만나지 못했다(행 19:1). 사도행전 19:1에서 아볼로의 이름을 언급하게 된 것은 바울이 이 젊은이를 사랑하게 되었으며, 바울의 선교사역에 동반자가 되기를 원했기 때문이다(고전 16:2; 딛 3:13). 브리스길라와 아굴라가 바울에게 아볼로에 대한 이야기를 했을 때 바울이 대단히 기뻐한 것은, 젊은이가 그리스도에 대한 열정을 가졌기 때문이었다(행 18:24-28).

아볼로는 알렉산드리아 출신이었다. 알렉산드리아는 세계의 위대한 문화와 교육 도시들 중의 하나이며, 100여만 명의 유대인이 살고 있었다. 그러기에 아볼로는 유대 종교와 전통과 성경에 흠뻑 젖어있었다. 아볼로는 세례자 요한과 만나게 되어, 요한의 회개의 세례에 관한 메시지는 알고 있었다. 아볼로는 예수님이 하나님의 어린 양이라는 요한의 선포를 알고 있었지마는, 예수님의 죽음과 부활, 구원자로서의 예수님, 성령(믿는 자 가운에 내주하시면서, 믿는 자가 권능을 받아 의롭게 살고 능력사역을 하게 하시는 성령)을 알지 못했다. 그러나 아볼로가 아는 범위 내에서의 진리에 대한 말씀 선포의 열정은 헌신적이었다. 아볼로의 설교는 너무나 강렬하여서 그를 중심으로 고린도 교회에 파벌까지 조성될 정도였다. 바울은 그를 사랑하여 그와 함께 선교사역을 하기를 갈망했다(고전 1:12이하; 3:4-6).

에베소는 당시 로마의 통치하에 있던 아시아 주의 수도로, 소아시아 최대의 무역 중심지로 번영하였으며, 거대한 여신 아데미의 전각(세계 7대 유물 중의 하나임)이 있었다(행 19:27, 29 참조). 아데미는 그리스 신 제우스의 딸로서, 사냥의 여신이었다. 아데미 여신은 가슴에 유방이 24개가 달린 풍요의 여신으로, 에베소 사람들은 아데미 여신을 열정적으로 숭배했다.

바울은 에베소에서 구원의 복음을 가지고 사람들을 가르치는 일에 헌신적이었다. 바울은 구원의 사자로서, 에베소의 상실되고, 희망 없고, 죽을 운명에 처한 사람들에게 구원의 메시지를 전하는데 전력을 기우렸다.

바울은 에베소에서 선교하는 동안 12사람쯤 되는 제자들을 만나게 되었는데, 그들은 에베소 교회와는 아무런 관련이 없었으며, 교회에게 나 브리스길라와 아굴라에게도 전혀 알려지지 않았다. 그들은 아불로 와도 관련성을 갖고 있지 않는 것 같았다(행 18:23-28).

바울은 이들 12제자들을 만나서 구원에 대한 위대한 가르침을 주었다. 바울은 12제자들에게 "여러분이 믿을 때에, 성령을 받았습니까?" 하고 물었다. 그들은 "우리는 성령이 있다는 말을 듣지도 못하였습니다."하고 대답하였다. 그들은 세례자 요한의 제자들로서, 오실 메시아를 기다리고 있었다.

12제자들은 아직도 그리스도를 믿는 자들은 아니었으며, 주 예수 그리스도의 이름으로 세례를 받지도 않은 자들이었다. 그들의 믿음은 불완전했다. 그들은 메시아가 오실 것이라는 세례자 요한의 설교는 믿었으나, 메시아가 예수 그리스도라는 분으로 벌써 오셨음을 알지 못하고 있었다. 그들은 세례자 요한이 설교한대로 죄를 회개했으나, 말씀이 육신이 되어 오신 예수 그리스도의 구원의 역사를 아직도 그들의 가슴과 삶에 받아드리지 않고 있었다. 바울은 이들 12제자들의 불완전한 믿음을 책망하지 않고, 그들의 죄의 회개를 잘했다고 했다. 세례자 요한이 회개의 세례만을 선포했기 때문이다.

바울은 "요한은 백성들에게 자기 뒤에 오시는 분, 곧 예수를 믿으라고 말하면서, 회개의 세례를 베풀었습니다(행 19:4)."(표준새번역)라고 했다. 12제자들은 바울의 말씀을 믿고, 주 예수의 이름으로 세례를 받았다(5절).

성령 임재와 방언과 예언

바울이 그들의 머리 위에 안수를 하니, 성령이 그들에게 내리셨다(6절). 그래서 그들 12제자들은 방언으로 말하고 예언을 하였다. 이 사실은 바울의 사도권이 입증되고, 또 이것이 에베소의 오순절이라 불러지는 이유였다.

베드로와 요한이 사마리아 사람들에게 안수했을 때 사마리아 사람들이 성령을 받은 것처럼(행 8:17), 이들 12제자들도 성령을 받았다. 그리고 오순절 때 유대인들이 성령 받은 것과(행 2:4), 베드로의 설교 말씀을 듣고 있을 때 로마 군대 백부장 고넬료의 친척들과 가까운 친구들에게 성령이 임하시고, 그들이 방언을 말하며 하나님을 높인 것처럼(행 10:44-46), 그들 12제자들에게 성령이 내리시고, 그들은 방언과 예언을 하였다. 이 사실은 구원은 온전한 믿음과 성령 받음을 필요로 함을 증언하고 있다.

　이들 12제자들이 방언의 은사와 예언의 은사를 받았다는 것은, 성령이 그들 안에 내주하심을 경험하는 동안 환희의 예배를 드렸다는 것을 말한다. 이들 제자들이 기쁨에 넘쳐서, 경건에 찬 환희의 기쁨 충만한 예배를 드렸을 때, 그리스도가 그들 안에 계셨고, 성령이 그들의 가슴과 삶속에 실제로 내주하셨음에 틀림이 없다.

　방언은 하늘의 언어 혹은 기도의 언어라고도 불린다(고전 14:2). 예언의 은사는 하나님의 성령의 영감아래서 말하는 은사이다. 예언은 "사람에게 말하여 덕을 세우며 권면하며 위로하는 것"이라고 했다(고전 14:3).

　방언과 예언 사이에 다른 점이 있다. 방언으로 말하는 사람은 하나님께 말씀드리는 것이며, 하나님의 신비(비밀)를 하나님과 나누어 갖는 것이기에 사람은 그 내용을 이해하지 못하며, 성령으로 비밀을 말하는 것이다. 그러나 예언하는 사람은 사람들에게 말하는 것으로, 덕을 세우고, 위로하고, 격려하는 말을 하기 위함이다(고전 14:2-3). 바울은 방언으로 말하는 사람은 자기에게만 덕을 세우고, 예언하는 사람은 교회에 덕을 세운다고 했다(고전 14:4). 바울은 믿는 자들 모두가 방언으로 말할 수 있기를 바라지마는, 그보다도 믿는 자들이 예언하고 말씀을 선포할 수 있기를 더 바란다고 했다(행 14:5)

바울의 하나님 나라 말씀 선포(행 19:8-10)

　바울은 가는 곳 마다 복음(말씀)을 전한 것처럼, 에베소에서도 유대인 회당에서 3개월 동안 하나님 나라를 주제로 강론하고 권면하면서, 담대하게 말씀을 전했다(8절).

바울의 설교 말씀을 듣고 사람들은 그리스도를 받아드리느냐, 아니면 그리스도를 거부하느냐를 결정해야했다. 구원에는 결단이 필요했다.

몇몇 사람들은 그리스도를 거부했다. 그들은 마음이 돌처럼 완고하게 되어서 믿으려 하지 않고, 온 회중 앞에서 바울이 전한 예수 그리스도의 구원의 진리를 비난했다. 잠언 28:14에서 "항상 경외하는 자는 복되거니와 마음을 완악하게 하는 자는 재앙에 빠지리라"고 했다.

유대인들이 그리스도와 구원의 "도"(길, 진리)를 비방하기 시작함으로써, 바울은 유대인 회당으로부터 믿는 자들을 따로 데리고 나가서, 도란노(아마도 저명한 철학자의 이름) 서원으로 옮겨서, 날마다 말씀을 강론하였다.

바울은 따로 교회를 시작한 것이다. 왜냐하면 유대인 회당이 그리스도의 진리를 반대하고, 믿는 자들의 믿음과 성장을 위협했기 때문이다. 바울은 믿는 자들을 보호하고, 믿는 자들의 성장을 확실히 보장해야만 했다.

바울 당시 세계의 이 지역은 뜨거운 열기 때문에 오전 1시부터 오후 4시까지 5시간 동안은 휴식시간(낮잠시간)이었다. 세속에서는 아침에 11시까지는 일하는 시간이기 때문에(행 29:34), 바울은 이 낮잠 시간을 이용하여 5시간 동안 말씀을 전했으며, 저녁에는 믿는 자들의 가정에서 복음(말씀)을 가르쳤다(행 20:20-21, 31). 바울은 주님을 위해 주야로 일했으며, 몸과 마음과 모든 것을 그리스도의 복음과 하나님 나라를 전하는데 바친 것이다.

바울은 하나님의 말씀(하나님 나라를 주제로)을 2년 동안 두란노 학원에서 설교했다. 바울이 전한 복음은 전(全) 아시아 지역(지금의 소아시아와 특별히 터키 지역)에 퍼져나갔다. 요한계시록 2-3장에서 언급한 에베소 교회에 더하여 다른 6개 교회가 이 시기에 세워졌을 가능성이 크다. 그리고 디모데와 에라스도 바울과 함께 에베소에서 얼마동안 선교했으며(행 19:22), 골로새에서 잘 알려진 3평신도 지도자들, 에바브라(골 1:7)와 아킵보(골 4:17)와 빌레몬(빌 1:1-2)도 전(全) 아시아를 통해 바울과 함께 2년 동안 선교를 했다. 2년 동안의 선교를 통해, 아시아에 사는 사람들은, 유대 사람이나 그리스 사람이나, 모두 주의 말씀을 경청하였다.

진정한 부흥이 전(全) 아시아에서 일어나기 시작했다. 그리스도의 종들은 함께 전(全) 아시아 지역을 실제로 찾아가서, 주님의 말씀을 헌신적으로 선포했기 때문이다.

기적으로 말씀이 증언되고 하나님 나라가 확장됨
(행 19:11-20)

하나님께서 바울의 손을 빌어서 놀라운(비상한, special, extraordinary) 기적들을 행하셨다(11절). 놀라운 기적이라는 것은 통례적으로 일어나지 않는 권능, 인간의 매일의 생활에서 경험하지 못하는 권능을 말하고, 그리고 제자들도 일반적으로 볼 수 없는 기적을 말한다.

에베소는 미신은 물론이고 강신술(降神術)과 마술을 포함한 사교(邪敎)의 온상이었다. 사람들은 정서적으로 운명론에 빠지고, 관능적이고 감정적이어서, 쉽게 마술에 빠져들었다. 에베소 사람들에게 접근하기 위해서는 깜짝 놀랄만한 볼거리가 필요하였다. 바울을 통해 놀라운 기적이 나타나자, 에베소 사람들은 놀라운 기적을 보고서, 하나님께서 자기들에게 역사하셔서 자기들을 향한 하나님의 위대한 사랑을 보이신 것이라고 생각했다.

심지어 사람들은, 바울이 몸에 지니고 있는 손수건이나 두르고 있는 앞치마를 가져다가, 앓는 사람 위에 얹기만 해도 병이 물러가고, 악한 귀신이 쫓겨 나가는 것을 보았다(12절).

바울은 장막(천막) 제작을 하면서, 땀을 흘리기에, 앞치마와 손수건을 자주 사용하였다. 사람들은 믿음이 있었기에, 하나님의 사람 바울이 사용하던 손수건이나 앞치마를 가지고 그들의 사랑하는 병든 가족들 위에 얹었더니, 병이 치유되고, 악한 귀신이 쫓겨났다. 하나님께서 긍휼로 그들을 치유해주신 것이다. 에베소 사람들이 치유 받은 것은, 바울의 능력도 아니요, 앞치마나 손수건 같은 옷 조각의 능력도 아니요, 하나님의 권능이었다. 마태복음 19:26에서 예수님은 "예수께서 그들을 보시며 이르시되 사람으로는 할 수 없으나 하나님으로서는 다 하실 수 있느니라"고 말씀 하셨다.

바울이 행하는 기적을 보고, 유대인 마술사들이 그 기적을 흉내 내려는 거짓 선지자들이 있었다(행 19:13-16). 스게와라는 유대인 제사장의 7아들이 거짓 선지자 노릇을 하면서 귀신을 쫓아내는 흉내를 내었다. 그들은 바울이 전파하는 예수의 이름을 이용하여 "내가 너희에게 명령한다." 하고 말하면서, 악귀 들린 사람들에게서 귀신을 내쫓으려고 했다. 악귀(악귀 들린 자)가 그들에게 "내가 예수도 알고 바울도 알거니와 너희는 누구냐"라고 말하고는, 그들에게 달려들어서, 그들을 모조리 때려눕히니, 그들은 상처투성이가 되어 알몸으로 도망쳤다. 이 사건은 제사장으로 부름을 받은 자의 가정이 하나님의 부름을 망각하고 얼마나 타락하였는가를 보여주고 있다.

이 소문이 에베소에 사는 모든 유대인과 이방인들에게 퍼지자, 사람들은 모두 두려워하며 주 예수의 이름을 찬양함으로서 하나님 나라가 확장되었다(행 19:17). 시편 29:2에서 "여호와께 그의 이름에 합당한 영광을 돌리며 거룩한 옷을 입고 여호와께 예배할지어다"라고 하는 고백의 현상이 에베소 지역에서 일어난 것이다. 그리고 많은 사람들이 하나님께 죄를 회개하고, 사람들 앞에서 자신들의 잘못들을 고백하고, 예수를 믿음으로서, 에베소에 하나님 나라가 확장 되는 부흥이 일어나게 되었다(행 19:18).

마술을 부리던 많은 사람들이, 그들의 미신의 책들과 마술의 책들(오늘 날의 미신의 책, 에로 책, 그림, 필름, 잡지, 팸플릿, 신문 등)을 모든 사람 앞에서 불살라버렸다. 책값을 계산하여 보니, 은돈 오만 닢에 맞먹었다고 했다. 그 당시 은돈 한 닢은 하루의 품삯임으로, 그들이 태워버린 은돈 오만 닢의 책값은 5만 작업 일의 임금이었다. 말하자면 137년의 임금에 해당하는 거대한 돈 값의 책을 태워버린 것이다.

이처럼 전에 좋아하든 미신적인 것과 우상숭배 하던 것들을 과감히 버리고, 회개의 역사가 에베소에서 일어나게 되었다. 놀라운 기적이 일어나고, 거짓 선지자들이 폭로되고, 귀신이 쫓겨나는 역사가 일어나게 되자, 에베소와 전(全) 아시아 지역 사람들은 주님의 이름을 두려워하며 높이고, 회개의 역사가 일어나게 되었다. 하나님의 말씀이 강하게 선포되고, 권능으로 악한 모든 것을 누르고 승리하게 되자, 에베소 교회는 나날이 부흥하게 되어 하나님 나라가 확장되었다(행 19:20).

로마서 15:18-19에서 바울은 고백하기를 "그리스도께서 이방인들을 순종하게 하기 위하여 나를 통하여 역사하신 것 외에는 내가 감히 말하지 아니하노라 그 일은 말과 행위로 표적과 기사의 능력으로 성령의 능력으로 이루어졌으며 그리하여 내가 예루살렘으로부터 두루 행하여 일루리곤까지 그리스도의 복음을 편만하게 전하였노라"고 했다.

8. 결론: 사도들의 표적을 통한 말씀 증언과 하나님 나라 확장

사도행전 1:1-5에서 4복음서에서의 예수 그리스도의 사역을 종합하여 예수님의 **행하심(works 표적)**과 **가르치심(Word 말씀)**으로 이 땅에서 하나님 나라를 확장하신 방법(모형)을 요약하고 그리고 성령이 임재하심으로 제자들이 "말씀+표적⇒하나님 나라 확장"의 방법으로 하나님 나라가 이 땅에 확장 될 것을 기록했다.

베드로와 요한이 성전 미문에서 예수 이름으로 날 때부터 소경 된 자를 치유하고, 예수 부활 사건을 설교하고, 베드로가 중풍병자 애니아를 치유함으로, 그리고 다비다란 여 제자를 살리는 등 여러 가지 표적을 통해 말씀을 증언함으로써, 하나님 나라를 확장시켰다.

빌립보에서 바울과 실라가 투옥되나 기적으로 하나님 나라가 확장되었다(행 16:19-34). 바울이 점치는 귀신들린 여종에게서 예수 그리스도의 이름으로 귀신을 쫓아내었다. 그 여자의 주인들의 고발로, 치안관들은 바울과 실라를 깊은 감방에 가두고서, 그들의 발에 차꼬까지 단단히 채웠다. 그렇지만 바울과 실라가 한밤중에 기도하면서 하나님께 찬송을 불렀다. 갑자기 큰 지진이 일어나고, 감옥의 터전이 흔들리고, 문들이 모두 열리고, 모든 죄수들의 수갑과 차꼬가 풀려나는 기적이 일어났다. 간수가 죄수들이 달아난 줄 알고, 칼을 빼서 자결하려고 했다(그 당시 죄수가 탈옥하면 간수가 죄수 대신에 옥살이를 해야 했다). 그 때 바울이 큰소리로 "스스로 몸을 해치지 마시오. 우리가 모두 그대로 있소!"라고 외쳤다.

간수는 바울과 실라를 바깥으로 데리고 나가서, 엎드려서, "내가 어떻게 하여야 구원을 받을까요?"하고 물었다. 바울과 실라는 "주 예수를 믿으라. 그리하면 너와 네 집이 구원을 받으리라"고 했다. 그 밤에, 간수와 온 가족이 그 자리에서 세례를 받았다. 깊은 감방에서의 표적(기적)을 통하여 하나님의 살아계심이 증언됨으로써 간수와 그 집안의 모든 사람들이 구원 받게 되었다. 하나님의 나라가 간수와 그의 집안으로 확장되었다.

바울이 데살로니가와 아덴에서 예수의 부활을 증언함으로써 하나님 나라가 확장되었다(행 17:1-4, 16-34). 바울은 데살로니가에 가서 유대인의 회당에서 세 안식일에 걸쳐, 예수 그리스도께서 고난당하시고 부활하신 사실을 증언했다. 바울의 말씀을 들은 몇몇 사람들이 승복하여 바울과 실라를 따르고, 또 많은 경건한 그리스 사람들과 적지 않은 귀부인들이 예수님을 믿게 됨으로써, 하나님 나라가 확장되었다.

사도행전 17:16-34에 보면, 바울은 아테네의 회당에서 유대 사람들과 이방 사람 예배 자들과 토론하고, 또한 몇몇 에피쿠로스학파(Epicurean)와 스토아학파(Stoic)의 철학자들과 논쟁하였다. 바울은 이들에게 예수의 부활을 전하였다.

바울은 '우리는 모두 하나님의 자녀'라고 하고, 죽은 자 가운데서 살아나신 예수님을 믿으면 영생함을 누린다고 확신시켰다. 아테네 사람들이 부활의 좋은 소식을 전해 들었을 때에, 더러는 비웃었으나, 더러는 바울 편에 가담하여 신자가 되었다. 그 가운데는 아레오바고 법정의 판사인 디오누시오도 있고, 다마리라는 부인도 있고, 그 밖에 다른 사람들도 있었다. 예수님의 부활을 증거로 바울의 말씀이 증언되고, 아테네에 하나님 나라가 확장되었다.

바울이 멜리데 섬에서 독사에게 물려도 죽지 않고, 보블리오 추장의 아버지의 열병과 이질을 낫게 하고, 병든 사람들을 치유하는 기적과 표적으로 하나님 나라가 확장되었다(행 28:1-10). 바울이 로마로 압송되는 중에 바다에서 풍랑을 만나 배가 파선되었으나, 모든 사람들이 무사히 멜리데 섬(몰타 섬)에 상륙하였다.

바울이 나뭇가지를 한 아름 모아다가 불에 넣었는데, 독사가 한 마리가 바울의 손에 달라붙었으나, 아무런 해도 입지 않은 것을 보고, 섬사람들은 바울을 신이라고 생각했다. "손으로 뱀을 집어 들며, 독약을 마실지라도 절대로 해를 입지 않으며"(막 16:18)라는 말씀이 증언되는 순간이었다. 그 섬의 추장인 보블리오의 아버지가 열병과 이질에 걸려서 병석에 누워 있었는데, 바울은 그에게 손을 얹어서 낫게 해주었으며, 그 섬에서 병을 앓고 있는 다른 사람도 고침을 받았다. 독사에게 물려도 해를 받지 아니하고, 보블리오의 아버지와 환자들이 치유받는 표적(기적)을 통해서 하나님의 말씀이 증언되고, 섬사람들이 바울과 일행을 극진히 대우하고, 떠날 때에 필요한 물건들을 배에다가 실어 줌으로써, 하나님 나라가 멜리데 섬에 확장되었다.

베드로와 바울과 제자들의 사역도 예수님께서 사용하신 "말씀선포+표적을 통한 말씀 증거⇒하나님 나라 확장"의 방법(패턴)을 사용하고 있음을 보여주고 있다.

제3장

교회사에서 목회자들의
하나님 나라 확장(부흥운동) 방법

"말씀선포+표적을 통한 말씀 증언
⇒하나님 나라 확장"

1. 존 웨슬리(John Wesley, 1703-1791)의 올더스게이트와 페터레인 체험과 표적을 통한 말씀 증언과 영국의 부흥운동

웨슬리는 성령의 역사를 체험하다

올더스게이트(Aldersgate)에서 가슴이 뜨거워지는 체험을 하다: 1738년 5월 24일(수) 일기에 보면, 저녁 9시 15분전, 웨슬리는 35세 때 영국 런던의 올더스게이트 거리의 교회 집회에 참석했는데, 어떤 사람이 루터의 "로마서 주석서의 서문"을 읽고 있었다. 그 집회에서 웨슬리는 성령의 임재하심을 강하게 체험했다고 말하고, 그때 경험을 다음과 같이 말했다. "나는 내 가슴이 이상하게 뜨거워짐을 느꼈다 (I felt my heart strangely warmed). 나는 오직 그리스도만이 나의 구주이심을 확실히 믿는 마음이 생겼다. 그리고 예수님께서 나 같은 죄인의 죄까지도 용서해 주시고, 죄와 사망의 법에서 나를 구원하여 주셨다는 확신을 갖게 되었다."

그렇지만, 웨슬리는 올더스게이트 체험 이후에 고민이 생겼다. 웨슬리는 영적 체험은 했지만, 자신을 통해서 영적능력이 나타나지 않았다. 그는 자기에겐 영적 능력사역의 역사가 없음을 통감하였다. 그는 능력사역을 할 수 있기를 간절히 원했다.

웨슬리는 불안했으며, 여러 가지 시험이 그에게 엄습해 오고 있음을 느끼고 있었다. 그는 능력 있는 설교를 하고, 부흥 운동을 일으키려면, 구원의 확신만 가지고는 부족함을 느꼈다. 그래서 웨슬리는 성령 충만으로 능력사역을 하기 위하여 기도했다. 웨슬리는 "너희가 진심으로 나를 찾고 찾으면 나를 만나리라"(렘 29:13)는 말씀과 오순절 성령강림 전에 "마음을 같이하여 전혀 기도에 힘쓰니라"(행 1:14)라는 말씀을 따라 기도에 힘썼다.

페터레인(Fetter Lane)에서 성령의 권능을 체험하다: 1739년 1월 1일, 월요일 새벽 3시, 존 웨슬리, 찰즈 웨슬리, 조지 휫필드를 포함한 7명의 목사와 60명의 성도들이 애찬식을 가졌다. 웨슬리는 다음과 같이 기록하고 있다. "새벽 3시경, 우리는 계속 기도하고 있을 때, 하나님의 권능이 강하게 임했다. 성령의 권능 아래 많은 사람들은 넘쳐흐르는 기쁨으로 울부짖었으며, 많은 사람들은 성령의 권능아래 견디지를 못하고 땅바닥에 쓰러져서(fell to the ground) 일어나지를 못했다. 하나님의 권능의 현존 앞에서 그 위엄과 놀라움에서 깨어나자, 그들은 한 목소리로 주님을 찬양했다.

횟필드는 페터레인 집회 체험을 말하여 "페터레인 체험은 실로 오순절의 체험이며,...우리는 새 술에 취했으며,...하나님의 임재하심에 압도되었다."고 했다.

웨슬리와 횟필드가 인도하는 집회에서 하나님의 임재하심의 특별한 증거가 계속 나타났음을 다음과 같이 말했다. "사람들은 하나님의 임재하심의 권능아래 마치 벼락을 맞은 듯이 쓰러졌으며, 어떤 사람들은 울부짖었으며, 그리고 힘겨운 마음이 변하여 기쁨과 찬송으로 이어졌다. 사람들은 마룻바닥으로 주저앉아 자비를 부르짖었으며, 어떤 사람들은 격렬하게 떨기도하고 몸을 진동하기도 했다. 때때로, 설교하는 도중에 사람들은 마룻바닥에 쓰러지기도 했다."(Fred & Sharon Wright, *The World's Greatest Revivals*, 2007, pp. 131-132)

페터레인에서의 성령 체험 이후 웨슬리는 설교하는 곳마다, 사람들이 쓰러지고, 질병이 치유 받는 등 신비한 표적들을 통해 말씀이 증언되었다. 많은 사람들은 성령의 임재하심을 체험하게 되고, 넘쳐흐르는 기쁨에 충만하여 울부짖었으며, 한 목소리로 주님을 찬양하는 찬송을 부르게 되는 경이로운 영적 체험을 하게 되었다. 이러한 신비로운 표적들을 통하여 말씀이 증언되고, 많은 사람들이 회개하고 예수님을 믿게 됨으로써 하나님 나라가 확장되었다.

이때로부터 웨슬리의 설교와 선교에 큰 능력이 따름으로써, 눈부시게 하나님 나라가 확장되어갔으며, 이로 말미암아 감리교회가 탄생하게 되었다.

웨슬리는 다음과 같이 말했다. "올더스게이트의 '가슴이 뜨거워지는 체험'은 예수 그리스도를 통한 구원의 확신을 가져다주었을 뿐이었다. 그러나 페터레인 때에 와서 비로소 '위로부터의 성령께서 능력 주셨음을 체험했다'"(눅 24:49; 행 1:8). 송흥국 목사는 이 두 가지 체험 중 하나라도 없으면 웨슬리의 영적 체험은 완벽하지 못했다고 했다(송흥국, 『존 웨슬리 총서: 존 웨슬리의 생애』, p. 49.)

정영관 박사는 "가슴이 이상하게 뜨거워지는" 체험과 "땅바닥에 쓰러져 버리는" 체험, 이 두 체험의 중요성을 강조하여 다음과 같이 말했다. "지금까지는 흔히 올더스게이트에서 마음이 뜨거워진 경험만을 말하거나 혹은 후의 철야기도 때의 경험만을 말하는 경우가 많았다. 그러나 이 두 가지 경험은 별개의 것이 아니며 두 경험 중 하나라도 없으면 웨슬리의 영적 체험을 완벽하게 말할 수가 없는 것이다"(정영관, "웨슬리의 영적 체험," 『웨슬리 복음주의 총서』 p. 70).

뉴게이트 표적은 교리를 초월하여 역사하다: 조지 휫필드는 웨슬리에게 충고하기를 예정론과 같은 민감한 교리문제에 관해서는 언급하지 않는 것이 좋겠다고 했다. 브리스톨에 있는 칼빈주의 자들은 하나님은 어떤 사람은 구원을 받게 되고 어떤 사람은 저주를 받게 된다는 이중예정론을 철저하게 믿고 있었다.

웨슬리는 베드로후서 3:9의 "오직 너희를 위하여 오래 참으사 아무도 멸망치 않고 다 회개하기에 이르기를 원하시느니라"는 말씀을 인용하여, 그리스도를 믿는 믿음으로 구원받는다는 자유의지 설을 강조하였으며, 또한 동시에 "우주적(보편적) 구원론(universal redemption)"을 강조하였다. 그리고 웨슬리는 칼빈이 『기독교 강요』

에서 주장하는 "이중예정론"을 비판하여 "그 교리가 지독한 교리"이며 또한 "무서운 교리"라고 했다.

칼빈의 이중예정론을 신봉하는 칼빈 주의자들은, 웨슬리의 우주적 (보편적) 구원론에 강하게 비판하여, 웨슬리가 가르치는 "우주적(보편적) 구원론"은 기독교 복음이 아니라고까지 혹평을 했다.

1739년 4월 24일에, 웨슬리가 받은 한통의 편지의 내용가운데, 웨슬리를 향해 "하나님의 예정설을 반대하여 설교함으로써 예수님이 가르치신 진리를 왜곡하고 반대하는 자"라고 강한 어조로 비난했다. 또 다른 편지에는 웨슬리를 노골적으로 "거짓된 스승"이라고 혹평하고 있었다.

웨슬리의 1739년 4월 26일 일기에 의하면, 웨슬리는 런던의 뉴게이트에 있는 감옥 교회에서 "아들을 믿는 자는 영생이 있고"(요 3:36)라는 성경말씀으로 설교를 하던 도중에, 갑자기 설교를 중단하고는, 하나님께서 예정론과 자유의지론의 신학적인 문제를 공적으로 어떤 표적으로든지 직접 해결해 주실 것을 담대하게 요구했다. 뉴게이트 감옥 교회에 운집한 귀족들뿐만 아니라 시민들과 죄수들까지도 모두 깜짝 놀랐다고 했다.

웨슬리는 "자신도 왜 그렇게 했는지도 알지 못하지만, 어떤 힘에 이끌려서" 어떤 사람들은 형벌을 받도록 예정되어 있기 때문에 절대로 구원을 받을 수 없다는 교리에 반대한다고 "강하고 명확하게" 선포했다. 그리고서 웨슬리는 디모데 전서 2:4의 "하나님은 모든 사람이 구원을 받으며 진리를 아는 데에 이르기를 원하시느니라"라는 말씀을 인용하고서, 큰 소리로 다음과 같이 기도했다. "제가 하나님의 진리를 말하지 안했다면, 하나님께서 저를 축복하시는 하나님의 손을 멈추시고, 우리 속에서 아무런 표적도 일어나지 않게 하시고, 만일 제가 말하는 신학적인 주장이 당신의 진리라면, 지체하지 마옵시고 표적을 보여주심으로써 그 진리를 확증하여 주시옵소서!" 감옥 교회에 모인 군중들은 모두 그의 외치는 기도 내용을 듣고 깜짝 놀랐다(John Pollock, *John Wesley*, pp. 119-121).

웨슬리의 기도가 끝나자, 사람들은 여기저기에서 갑자기 쓰러지기 시작했다. 사람들은 그 장면을 감탄하는 표정으로 바라보게 되었다. 웨슬리는 하나님께서 감옥 교회의 집회에 참석한 모든 사람들이 증언할 수 있는 표적을 보여 주셨다고 1739년 4월 26일(목) 일기에 다음과 같이 기록하고 있다.

"그 즉시 사람들은 한사람 또 한사람 계속적으로 마치 벼락을 맞은 듯이 여기저기에서 땅바닥으로 쓰러졌다. 한 여인은 쓰러져서 큰 소리로 울부짖었다. 우리가 그녀를 위해 기도했더니, 그 여인은 비애에 젖은 울부짖음에서 벗어나서 하나님께 기쁨의 찬양을 드렸다. 또 다른 여인도 고뇌에 찬 표정으로 울부짖었다. 우리가 이 여인을 위해서도 기도를 했더니, 주님께서 이 여인의 마음속에 평화를 주셨다."

웨슬리의 집회 때 수백 명의 사람들이 "하나님의 권능 아래서 쓰러지는 일(fall under the power)"은 너무나 잘 알려진 사실이다. 이러한 넘어지는 현상을 영어로는 "fall into a trance"(입신하다), "fall under the power"(성령의 권능에 쓰러지다), "overcome by the Spirit"(성령의 권능에 압도되다), "slain in the Spirit"(성령 안에 죽임 당하다), "resting in the Spirit"(성령 안에 휴식하다), "fall prostrate upon the ground under the power"(성령의 권능아래 땅 바닥에 부복하다), "drop down as dead under the power"(성령이 권능아래 죽은 듯이 푹 쓰러지다) 등 다양하게 표현하고 있다.

조지 횟필드 목사는 웨슬리의 집회에서 넘어지는 현상에 대해 반대 의견을 웨슬리 목사에게 제시하였다. 그러나 횟필드 목사의 집회에서도 쓰러지는 현상이 일어났다. 웨슬리의 1739년 7월 7일 (토) 일기에 보면, 횟필드 목사가 영국과 미국 등 도처에서 말씀을 전할 때 성령의 권능 아래서 넘어지는 현상이 수없이 나타났다고 했다. 이때부터 웨슬리와 횟필드 두 사람 모두 성령께서 역사하시는 대로 수용하기로 했다. 그 후 횟필드 목사가 영국과 미국 등 도처에서 말씀을 전할 때 성령의 권능 앞에서 "쓰러지는 현상"이 수없이 나타났다.

성령의 권능 아래 쓰러지는 사람들은 울며, 몸부림치며, 회개하며, 주님을 영접하며, 방언하며, 병 고침 받으며, 귀신이 쫓겨 가며, 기쁨에 충만하며, 환상을 보며, 찬양하며, 간증하며, 용서하며, 사랑하며 하는 것들을 내적으로 경험하게 됨을 웨슬리는 자신이 보고 느낀 그대로 기록하고 있다. 동시에 이러한 은사 때문에 동료 교직자들로 부터 고통스러운 많은 오해를 받은 것도 적나라하게 기록하고 있다(나채운, "존 웨슬리를 통해 나타난 성령의 권능으로 쓰러지는 현상", 『牧羊)』, 제6호, 1995, p. 27).

뜨거운 말씀선포(설교)를 통해 하나님 나라가 확장되다

은혜를 체험한 자는 뜨거운 열정으로 복음을 전하고, 권위를 가지고 말씀을 선포하며 동시에 간절한 호소력을 가지게 되었다. 왜냐하면 성령의 새 술에 취한 감동으로 전하기 때문에 그 설교에는 생명력이 있기 때문이었다.

1751년 2월 17일의 일기에 웨슬리는 "내 마음은 담대하여졌으며 또한 나는 입을 열어 놀라운 하나님의 사랑을 선포했다"라고 썼다. 1746년 6월 25일 존 스미스씨에게 보낸 편지에 그는 "나에게는 그리스도의 복음을 전하지 않느니보다 죽는 것이 더 좋다"라고 함으로써 강한 전도의 열정을 보였다. 그는 비방, 박해, 폭력에도 굴하지 않았으며, 광장, 공장, 탄광, 묘지, 길거리, 선상, 고속도로, 야외 등 청중이 있는 곳은 어느 곳에서도 말씀을 전했다.

웨슬리는, 베드로가 성전 미문의 앉은뱅이에게 "일어나라!"라고 하듯, 예수 그리스도의 이름으로 명령을 했으며, 성령의 권능으로 책망도 했으며, 주 예수의 이름으로 선포하는 권위 있는 복음 전도자가 되었다.

웨슬리의 설교에 놀라운 능력이 나타났다. 그의 설교를 듣는 사람들 중에는 많은 사람들이 찔림을 받고 통회하며 눈물을 흘리고, 고민하다가 울부짖기도 하고, 경련과 진동으로 몸을 떨었으며, 몸에 힘이 빠져 쓰러져서 실신하기도 했으며, 회개하고 구원을 받는 역사가 일어났으며, 일순간에 마음에 기쁨, 희망, 평화로 충만하여 주님을 찬양하는 역사가 일어났다.

웨슬리의 부흥운동은 기도운동과 병행되었다. 그의 기도하는 열정은 대학시절부터 이어져 왔다. 그의 일기 중에는 "밤을 꼬박 새우며 찬송과 감사의 노래를 부르며 새해를 맞이했다"라는 기록과 함께

"연회가 끝나는 날 하루를 금식하고 철야하며 기도했다"라고 기록하고 있다. 그의 일기는 새벽기도회로 가득 찼으며, 1788년 8월 4일 일기에는 "새벽에 기도하다가 많은 사람들이 말씀의 능력을 체험하거나 그들 안에서 말씀하시는 하나님의 능력을 체험했다"라고 기록하고 있다. 그는 개인적인 경건을 위해서도 또한 공동체가 은혜 받는 수단으로도 끊임없이 기도하고 금식 기도도 하였다.

치유의 역사가 일어나다

1739년 7월 1일 (주일) 일기에 보면 웨슬리의 집회에서 많은 치유의 역사가 일어났다. 에버튼 집회에서 기도회를 마친 후 서지도 걷지도 못하는 경풍 증으로 심한 고통을 당하는 한 청년이 안수를 받고 치유함을 받아 고통과 피곤에서 해방되어 기뻐했다.

웨슬리의 집회에서는 죄에 대한 통곡과 고민의 광경, 죽은 사람처럼 땅에 쓰러지는 것, 이것들은 다 양심의 찔림을 받아 구원을 갈망하는 사람들에게 많이 나타났다고 했다. 웨슬리의 집회에서 이런 현상을 경험하는 많은 사람들은 내적 치유함을 받아 기뻐하며 주님을 찬양하였다.

웨슬리뿐만 아니라 동생 챨스 목사와 횟필드 목사가 말씀을 전하는 곳에서도 많은 사람들이 땅바닥에 쓰러져서 회개하는 현상과 함께 질병의 치유함을 받고 심령의 변화를 일으키는 경우가 많았다. 류형기 목사는 사람들의 변화하는 모습을 그리면서, "저들의 전도를 듣고 도적은 마음을 바꾸어 정직한 사람이 되고, 주정뱅이는 변하여 금주하게 되고, 아내를 치던 망나니는 점잖은 신사가 되었다"라고 하였다.

이러한 역사가 일어나는 이유는, 웨슬리와 그와 함께 사역하는 목회자들은 실로 초대교회의 사도들처럼 위로부터 주시는 성령의 권능을 받은 이들 이였기 때문이다.

귀신들린 사람들을 치유하다

1739년 10월 23일(화). 웨슬리는 집회를 마치고 귀가하던 도중 킹스우드(Kingswood)에 있는 19-20세 정도의 한 젊은 부인의 집을 방문했다. 누워있는 그녀를 2-3명이 겨우 붙잡고 있었는데, 그녀는 말로 표현할 수 없는 실망과 공포에 짓눌려 있었다. 무서운 광경이었다. 웨슬리는 "그녀의 온 몸은 수천 번 비틀어지고, 비명소리를 지르고, 돌처럼 굳어 버린 두 눈, 이런 현상을 볼 때 개들이 그녀의 심장을 갉아먹고 있는 것 같았다"고 했다.

그녀는 "나는 저주를 받았단 말이야. 영원히 파멸되었단 말이야. 6일 전에만 왔어도 나를 도울 수 있었을 텐데. 이젠 늦었다고요. 이제 나는 마귀의 것이니 마귀를 섬겨야 해요. 마귀와 함께 지옥에 가야 한단 말이야. 나는 구원을 받을 수 없단 말이야. 나는 저주를 받을 거야." 하고는 악마에게 기도를 했다.

찰즈 웨슬리가 자신이 지은 찬송 "주님의 군사여, 일어나라. 일어나라"를 부르자, 그녀는 즉시 푹 쓰러져서 잠이 들었다. 웨슬리 형제 목사들이 그 자리를 떠나자, 그녀는 다시 소란을 피웠다. 그녀는 두 눈을 천장을 향해 고정시키고는 "저기 있는 좋은 악마여, 와서 나를 데리고 가렴. 네놈이 내 골통을 부숴버리겠다고 했잖아. 나는 너의 것이니 나를 데리고 가다오."라고 했다. 웨슬리는 다시 그녀에게로

가서 하나님께 부르짖으며 기도했다. 그녀는 또 한 번 푹 쓰러졌다.

또 다른 여인이 고함을 지르며 발작하기 시작했다. 존 웨슬리 목사는 동생 찰즈 목사와 함께 두 여인을 위해 2시간을 계속 기도했다. 주의 성령이 역사 하셔서 "원수와 복수자"(시 44:16)를 잠잠케 하시니, 두 여인에게서 귀신들이 떠나가고 주님이 주신 평화의 마음을 회복했다. 두 여인은 주님을 찬양했다.

1740년 5월 21일(수). 저녁 집회 때 악령에 사로잡힌 여자가 나타나 포악하게 날 뛰었다. 그녀는 가끔 웃다가 거의 까무러치곤 하였다. 모든 사람들의 주의가 그녀에게 쏠렸다. 그녀는 큰 소리로 저주를 퍼붓고 하나님을 모독하는 말을 했다. 그녀는 힘이 어찌나 강한지 4-5명의 장정들이 그녀를 억제하기가 어려웠다. 웨슬리 목사가 그녀를 위해 기도하자 귀신들은 떠나고 그녀의 난폭함은 사라졌다. 그녀는 그리스도의 이름을 부르며 도와달라고 했다.

조종남 박사는 웨슬리의 복음 사역은 표적을 통한 권능으로 이루어 졌지만, 다른 한편 당시의 교회지도자들로부터 "열광주의자"라고 비난도 받았다고 하고, 그 이유는 당시의 영국교회는 성령의 직접적인 증거나 성령의 기사이적을 믿지 않기 때문이라고 했다(조종남, "웨 슬리와 카리스마, 『牧羊』, 제6호, 1995, p. 10).

맺는 말: 페터레인 체험 이후, 웨슬리와 휫필드는 새로운 선교 사명에 착수하여, 죄인들이 그들에게 오기를 기다리는 것이 아니라, 파도가 덮치듯 그들을 찾아 나섰다. 웨슬리와 휫필드는 예수 그리스도의 진리의 말씀을 영국과 전 '세계를 교구삼아' 전하고, 조나단 에드워즈

는 미국에서 전했다. 이 분들을 통한 부흥의 힘은 교회만 변화시킨 것이 아니라, 아주 심오한 방법으로 사회 속으로도 넘쳐 들어갔다. 이 분들은 마태복음 28:19에서 "그러므로 너희는 가서 모든 민족을 제자로 삼아 아버지와 아들과 성령의 이름으로 세례를 베풀고"라고 하신 예수님의 위탁의 말씀을 실천에 옮긴 것이다. 이분들이 일으킨 부흥운동을 제1대각성운동이라고 한다.

웨슬리의 기록(일기)에서 웨슬리의 복음사역의 방법(패턴)은 예수님께서 사용하시고, 제자들이 사용한 방법(패턴), 즉 말씀을 선포하고, 치유사역과 귀신 쫓음 같은 표적으로 말씀을 증언함으로써, 하나님 나라가 확장되었다.

2. 미국 켄터키 주 케인 릿지 부흥운동과 찰즈 피니(Charles Finney, 1782-1875)의 표적을 통한 말씀 증언과 미국의 부흥운동

미국의 케인 릿지(Cane Ridge) 부흥운동(1801)

케인 릿지 부흥운동은 1799년 여름 제임스 맥그래디(James Mc-Gready, 1762-1817) 장로교 목사가 성찬식을 거행할 때 일어났다. 이것이 제2 대각성운동의 시작이었다. 그 당시 켄터키의 그 지방에는 사회상이 말이 아니었다. 살인자, 말 도둑, 노상강도, 화폐위조 범들이 이곳에 모여들었다. 험악한 분위기였다.

1800년 6월 맥그래디 목사는 5명의 목사들과 함께 "천막 집회(camp meeting)"를 가졌다. 500여 명의 사람들이 모여들었다. 그들은 성찬식을 거행했다. 이 성찬식은 모두 부흥운동이 되었다. 그 때 성령의 강한 역사로 사람들은 쓰러져서 마룻바닥에 누워있었고, 자비를 베풀어 달라는 부르짖음이 하늘을 찔렀으며 여러 가지 치유의 역사가 일어났다고 했다.

1800년 7월 말, 맥그래디 목사와 동료 목사들은 다시 집회를 가졌다. 100마일 떨어진 곳에서 포장마차를 타고 8,000여 명이 몰려왔다. 이것은 역사상 "천막집회"의 시작이었다. 부흥운동은 장로교에서 침례교와 감리교 등 다른 교파로 확산되었다.

1801년 8월 첫 주, 바톤 스톤(Barton Stone) 목사와 18명의 장로교 목사들이 케인 릿지에서 성찬식을 거행한다고 발표했다. 수많은 감리교와 침례교 목사들도 동참했다. 10,000-25,000명의 사람들이 몰려왔다. 그 숫자는 그 주에 사는 모든 사람들이었다. 그 당시 제일 큰 도시의 인구가 1,800명이었다. 이 때 140대의 마차가 몰려왔는데, 많은 사람들이 작은 천막을 들고 왔다. 그 집회는 미국 최초의 대형 "천막 집회"가 되었다. 주지사로부터 수백 명의 노예에 이르기까지 각계각층 사람들이 모였다.

그 집회는 모인 수로도 유명하지만, 나타난 외형적 현상(표적)으로도 유명했다. 도처에서 사람들이 푹푹 쓰러지고, 방언을 하고, 신음하고, 자비를 베풀어 달라고 울부짖고, 떨고, 기쁨의 환성을 지르고, 거룩한 웃음을 웃고, 찬양하고, 가끔 몸을 충동적으로 움츠리기도 하고, 질병을 치유 받고, 그리고 많은 회심의 역사가 일어났다. 그 결과 1800년과 1803년 사이에 변방지역은 사람들이 온화해지고 사회의 질서가 잡히게 되고, 감리교인은 40,000으로 성장하고, 침례교인은 10,000으로 성장하게 되었다(Fred & Sharon Wright, *The World's Greatest Revivals*, 2007, p. 143).

케인 릿지 부흥운동의 방법도 예수님께서 사용하신 방법(패턴)과 같은 "말씀선포+표적(기적)을 통한 말씀 증언⇒하나님 나라 확장"이었다.

많은 목회자들이 이런 외형적인 현상을 수용하지 못하고 대각성운동을 반대했다. 그러나 대각성운동의 열기를 식히지는 못했다. 왜냐하면 이런 감정폭발이 사람들의 위대한 영적 각성으로 이어졌기 때문이다.

케인 릿지 부흥운동의 불길은 지성적인 대서양 해안 지역과 전 미국에 퍼져나갔다. 미국 기독교에 위협적인 요소였던 이신론(Deism: 하나님은 우주를 창조하셨으나 스스로 운행하도록(시계처럼) 버려두었으며, 삼위일체, 성육신, 성경의 성령영감을 부정함)을 파괴시켰다. 천막 집회는 미국 복음주의 교회의 부흥운동의 확립된 도구가 되었다. 이러한 현상들을 동반한 성령의 역사는 역사가들에 의해 "제2 대각성운동"이라 불러지게 되었다.

제2 대각성운동의 거장 찰즈 피니(1782-1875)

찰즈 피니(Charles Finney)는 "구하라 그러면 너희에게 주실 것이요"(마 7:7-8)라는 주님의 약속의 말씀을 철저히 믿었다. 그는 부모님들이 자식에게 선물을 주시는 것처럼 하나님은 구하는 자에게 성령 충만함을 주신다고 확신했다.

1821년 10월 10일 피니는 자신이 근무하는 법률 사무실에서 우쿨렐레를 켜면서 찬송을 부르고 있었다. 갑자기 안쪽 사무실 방이 환하게 밝아지면서 예수님을 만나게 되었다. 피니는 그때 상황을 다음과 같이 설명했다. "그 사무실 방이 완전히 밝은 것 같았다. 나는 주님을 바라보았다. 나는 주님의 발 앞에 쓰러져서 어린아이처럼 큰 소리로 울면서 목매인 소리로 내가 할 수 있는 모든 회개를 다하였다. 나는 주님의 두 발을 나의 눈물로 온통 다 적시어 놓았다."

"나는 강력한 성령세례를 받았다. 성령이 나에게 임하셔서, 내 몸과 혼을 통해 내 전신을 꿰뚫고 가듯 했다. 마치 전류의 파장이 내 온 몸을 꿰뚫고 흐르고 또 흐르는 듯 했다. 정말 성령은, 사랑의 물결이 엄습해 오듯, 내게 밀려왔다. 나는 다른 방법으로 이것을 표현할 길이 없다. 성령의 파도가 계속 밀려닥쳐 왔다. 나는 감당할 수 없어 죽을 것만 같았다"

피니는 또 성령은 마치 하나님의 숨결 같이, 큰바람으로 피니에게 부채질을 하듯 임해 옴을 느꼈다고 한다. 놀라운 사랑이 온 가슴에 퍼져 말로 표현할 수 없는 지경에 이르게 되어, 성령 충만의 기쁨이 그를 격동시켜 그는 큰 소리로 울었다고 했다. 이렇게 충만한 성령을 받아 어쩔 줄 몰라 울다가 웃다가 했는데, 사람들이 그를 비웃었다고 했다. 심지어 담임 목사(게일 목사)까지 그를 이상하게 생각하고, 피니가 다른 사람들에게 영향을 줄까봐 경계를 했다고 했다.

피니는 폭포같이 쏟아지는 성령의 체험을 한번만 한 것이 아니고, 수시로 되풀이해서 성령 체험을 했다고 간증했다.

찰즈 피니는 하나님의 영광의 빛 가운데 쓰러지는 체험을 하다

"어느 날 아침에 교회 기도회에 참석했을 때였다. 돌연히 하나님의 영광의 빛이 신비한 모습으로 두루 비췄다. 날이 막 밝기 시작할 무렵이었는데, 갑자기 한 빛이 아주 영광스러운 모습으로 내 영혼 속으로 비춰왔고, 나는 그 순간 땅바닥에 쓰러졌다. 그 빛은 사방으로 비취는 태양의 찬란함 같았다. 눈으로 보기에 그 빛이 너무 강렬하였다. 그 빛은 다메섹 도상에서 바울을 넘어트린 것과 같은 빛임을 깨달았다. 그 빛에 나는 도저히 오래 견딜 수 없었다."

이런 영적체험 후, 피니의 복음전도 사역은 화산처럼 폭발하기 시작하여, 피니는 미국의 제2의 위대한 각성운동의 거장으로 나타났다.

피니는 교회 부흥을 위해 젊은이들과 일출, 정오, 일몰시에 골방에 모여 기도를 시작했다. 이렇게 기도하기를 일주일 계속했다. 놀랍게도 폭포 같은 성령이 임하셨다. 피니는 그때 일어난 현상을 다음과 같이 말했다. "그들은 온 몸에 힘이 다 빠져 골방에서 발로 일어설 수가 없었다. 그들은 마룻바닥에 엎드려져서 말할 수 없는 신음 소리로 기도함으로써 성령 충만을 체험했다."

한 집회에서, 피니가 강력하게 말씀을 외치자 15분도 못되어 그 회중들 속에서 넘어지는 현상이(trance) 일어났다. 피니는 말했다. "회중들은 사방팔방으로 앉은자리로부터 넘어지기 시작하더니 자비를 베풀어 달라고 울부짖기 시작했다. 내가 양손에 칼을 쥐고 휘둘러도 그들을 그렇게 재빨리 넘어지게 할 수는 없었을 것이다. 처음 넘어지는 충격이 시작하고 2분도 채 못 되어 거의 모든 회중이 무릎으로 주저앉거나 넘어지는 현상이 일어났다."

성령을 거스른 늙은 목사가 죽게 되다

피니가 유티카(Utica)에서 한창 성령 충만한 집회를 하고 다닐 때 그에게 반대하는 사람들도 많았다. 부흥 집회가 한창 열기를 더해 가는데 마침 그곳의 오네이다(Oneida) 장로교 노회도 모이게 되었다. 피니의 사역을 못마땅하게 여긴 한 늙은 목사는 피니가 인도하는 집회에 반대하는 격렬한 비난의 연설을 했다. 그 다음날 아침 그 늙은 목사는 침대에서 죽은 시체로 발견되었다(Charles Finney, *Holy Spirit Revivals*, 1999, pp. 126-127).

성령의 불길은 계속 타오르다

피니에게는 강력한 성령의 역사하심이 함께 하심으로 많은 기적이 따랐다. 피니가 뉴욕에 있는 어느 방직공장에 견학을 갔다. 일하던 한 처녀가 피니가 다가가자 손을 부들부들 떨면서 푹 쓰러져서, 눈물로 통회하는 역사가 일어났다. 그 순간 마치 화약이 폭발하듯 그 방에서 일하던 모든 사람들이 통회하는 역사가 일어났다.

그 공장 주인은 "공장 일보다 영혼 구원의 일이 더 중요하다."라고 하고, 그 날로 공장 문을 닫고, 피니를 초청하여 공장에서 집회를 가졌다. 모든 직공들을 참석하게 했다. 며칠이 지나자 놀라운 치유 능력이 나타나 모든 직공들이 예수를 믿게 되었다.

이러한 표적을 통한 말씀이 증언되는 성령의 역사가 일어나자 1826년 겨울에서 봄에 이르는 동안, 유티카 지방에서 부흥회를 통해 회심한 사람들이 그 노회 경내에 3,000명에 달했다(Charles Finney, *Holy Spirit Revivals*, 1999, p. 133).

이러한 큰 역사가 일어나고 있을 때, 피니를 반대하는 세력도 만만치 않았다. 그에 대한 거짓 풍문을 퍼뜨리고 공작을 하는 사람들이 적지 않았다. 피니는 반대 세력이 결코 이기지 못할 것이라는 주님의 음성을 들었다. 온 교회가 그에게 강단을 허락지 않을 정도의 반대에도 그는 조금도 두려워하지 않고 능력 사역으로 복음을 증언했다.

트로이라는 지방에서 피니가 부흥집회를 인도하고 있을 때, 콜롬비아 노회가 그 근처에서 열리고 있었다. 콜롬비아 노회에서 피니에 대한 거짓 송사만을 믿고 특별 위원회를 구성하여 피니를 조사하기로 했다. 조사 위원 중의 한 목사가 피니에게 편지를 보내어, 피니의 부흥회 인도 방법을 조사할 사명을 노회로부터 받았으니, 자기 교회에

와서 집회를 인도해 달라고 요청했다. 피니가 그 교회에 가서 설교를 했는데, 그 목사가 피니의 설교를 듣고 노회에 통보하기를 피니의 설교에 아무런 문제가 없으니 더 이상 피니를 조사하거나 방해할 필요가 없다고 말하고, 또한 동시에 주님께서 피니와 함께 하시기 때문에 피니를 방해하면 하나님과 맞서 싸우는 결과가 될 것이라고 경고를 했다.

이 보고서로 인해, 콜롬비아 노회에서는 피니를 반대하던 여러 교회에서 그를 초청하기에 이르렀다. 스테픈타운에서 그를 초청하여 집회를 여러 차례 하는 가운데 성령 충만한 역사가 일어나서 피니는 그곳에 자신의 복음전도 기지를 세우게 되었다. 피니의 표적을 통한 말씀선포의 능력을 막을 길이 없었다. 그 당시 보수적인 학파의 신학자였던 윌밍톤의 길버트 태넌트(Gilbert Tennent) 목사도 피니를 초청하여 부흥 집회를 열었다. 그 집회에서 "새 마음을 받고 새 영을 받으라"라는 제목으로 피니는 죄인의 회개의 필요성을 강조하며 열변을 토해서 두 시간을 설교했다. 어찌나 강렬하게 죄를 통박하며 설교를 했던지 온 회중이 흥분하여, 웃는 사람, 통회하며 우는 사람, 화를 내는 사람들로 흥분의 도가니가 되었으나 아무도 교회를 떠나는 사람은 없었다.

피니의 표적을 통한 말씀 증언의 부흥사역이 윌밍톤이란 작은 도시에서 필라델피아란 큰 도시로 옮겨졌다. 필라델피아에서 프린스톤 출신의 제임스 페터손 목사와 함께 복음전도 사역을 시작했다. 필라델피아에서 그 곳 장로교회 목사들이 피니를 그들의 강단에 세웠다. 피니가 페터손 목사의 교회에서 몇 개월간 설교를 하고 있었는데,

필라델피아에 있는 한 독일계 교회의 목사와 장로들로부터 초청을 받아 3,000명을 수용하는 큰 교회에서 집회를 계속했다.

1829년 봄에 델라웨어 강가의 고원지대의 뗏목을 취급하는 많은 목재상들이 피니의 설교에 감동을 받아 수많은 사람들이 개종을 하고 회개를 했다. 이들 목재상들의 부흥운동이 1831년에는 그 지역에 5,000명 이상의 개종자들이 생겨서, 80마일에 이르는 광활한 지역에 큰 부흥운동이 확산되어 갔으나 목회자는 한 사람도 없었다. 필라델피아에서 피니를 통한 성령의 불길이 확산되어 밀림을 지나 수많은 영혼들을 구원한 것이다.

피니의 표적과 기적을 동반한 성령운동은 복음전도 운동으로 이어져서 수많은 영혼을 구원하게 되는 대 부흥의 역사는 미국 뉴잉글랜드(미국 동부 지역) 전역에 일어났다. 부흥이 절정에 달했을 때 일 년에 100,000명 이상의 개종자가 생겼다(V. Raymond Edman, *Finney on Revival*, 2000, p. 63). H. W. 비이처 박사가 말한 바에 따르면, "기독교 역사상 이렇게 짧은 시간에 이렇게 큰 역사가 일어난 적은 없었다."라고 했다. 피니는 미국의 제2의 위대한 각성 운동의 거장으로 나타났다.

피니는 19세기 미국에서 위대한 복음전도자로 등장했을 뿐 아니라, 1835년에는 오벌린(Oberlin) 대학의 교수로 초빙되어 죽기까지 신학교 교수와 목사로 일하였다. 그의 위대한 공적은 기독교 역사상에 결코 허물 수 없는 금자탑을 쌓았다고 해도 과언이 아니다.

피니의 부흥운동의 방법(패턴)도 예수님이 사용하신 방법(패턴)과 같은 "말씀선포+표적을 통한 말씀 증거⇒하나님 나라 확장"이었다.

3. 데니스 베네트(Dennis Bennett, 1917-1991)의 카리스마(은사)운동을 통한 말씀 증언과 미국과 세계의 부흥운동

『아침 9시』 (Nine O'clock in the Morning)

은사주의 운동은 1960년 4월 3일 미국 캘리포니아 밴 나이스에 있는 성마가 성공회교회의 데니스 베네트(Dennis Bennett) 신부가 회중들에게 '방언했음'을 고백한 때부터 시작되었다.

베네트는 이 사건을 통해 일어난 모든 것을 『아침 9시』(Nine O'clock in the Morning)에 상세히 기록했다. 사도행전 2:15의 "때가 제3시니 너희 생각과 같이 이 사람들이 취한 것이 아니라"는 말씀에서 '아침 9시'라 했다. 오순절에 성령의 역사가 나타난 때를 말한다.

베네트는 16년간의 목회에 심령이 점점 더 메말라 갔다. 하나님 나라에 대해 가르치면서도 실생활에서 하나님의 현존을 느끼지 못했다. 성령에 대한 강의를 잘하면서도 성령은 막연하게 이론적인 존재였다. 성경에 나타난 것과 같은 기쁨, 권능, 확신 같은 것은 갖지 못했다.

방언에 대한 갈망

신약성경을 읽으면서 성령에 대한 연구를 시작했다. 초기 크리스천들이 계속해서 성령에 대해 이야기했음을 발견했다. 성령은 그들에게 막연한 존재가 아니라는 것을 알게 되었다. "사도행전의 사람들은 성령을 받아 신비로운 방언으로 말했는데 왜 지금은 방언의 은사가 없느냐?"하고 질문을 던졌다. 신학교에서 방언은 사도시대로 끝났다(Cessationism 은사종료주의)고 배웠다. 방언은 무지한 사람들이 감정적으로 흥분 상태에 빠졌을 때 개 짖듯 내는 소리라고 배웠다.

문제는 마가복음 16:17에서 "믿는 자들에게는 이런 표적이 따르리니 곧 그들이 내 이름으로... 새 방언을 말하며"라고 했으며, 고린도전서 14:5에서 바울도 "나는 너희가 다 방언 말하기를 원하나"라고 하고, 그리고 고린도전서 14:18장에서 "내가 너희 모든 사람보다 방언을 더 말하므로 하나님께 감사하노라"라고 했다.

베네트 신부의 방언의 은사 체험

베네트의 혀는 경쾌하게 움직이기 시작하더니 5분 동안 방언을 했다. 그는 방언을 하면서 바울이 말하는 "방언을 말하는 자는 사람에게 하지 아니하고 하나님께 하나니 이는 알아듣는 자가 없고 영으로 비밀을 말함이라"(고전 14:2)라는 말의 뜻을 알게 되었다. 방언으로 기도하면서 목회 생활의 메마름은 사라졌다. 심령이 행복으로 가득 차는 것을 경험하게 되었다.

주일 예배 때 방언 받은 사실을 고백함

성령이 베네트 신부에게 "너에게 일어난 일을 말하라. 이 교회는 어쨌든 너의 교회가 아니고 예수님께 속한 것이다."라고 하는 음성을 들었다. 베네트는 1960년 4월 3일 1, 2, 3부 주일예배 때 방언 체험을 하게 된 사실을 말했다. 부목사는 "난 이 사람과는 더 이상 함께 일할 수 없소."라고 고함을 치고 나가버렸다. 한 남자가 "저 망할 놈의 방언하는 자를 밖으로 던져 버려요!"라고 했다. 한 남자는 신부를 향해 "사표를 내요!"라고 소리쳤다. 베네트는 회중들에게 사임을 공포하고, 7년 동안 섬긴 교회를 떠났다.

성마가성공회교회에서의 소동은 라디오를 통해 전 미국에 알려졌다. 『타임즈』는 "이제 방언은 미국 교회에서 다시 회복되고 있는 것처럼 보인다. 방언은 자유분방한 오순절 교회에서만 나타나는 현상이 아니라 하나님의 '얼어붙은 백성(Frozen People)'이라 불리는 성공회에서도 나타났다."라고 보도했다.

베네트는 시애틀의 성누가성공회교회(St. Luke Episcopal Church)로 부임했다. 시애틀 지방 성공회 주교는 성누가교회를 폐쇄할 작정이었다.

30여 명의 목회자들이 모여 기도회를 가졌다. 베네트는 "하나님의 영광이 우리 위에 임하심을 알게 되었다"고 고백했다. 그들은 놀라운 하나님의 사랑을 느끼면서 기쁨으로 웃고 울었다. 이들은 너무나 성령 충만하여 의자에서 일어서지를 못했다.

치유의 은사가 나타나다

베네트 신부는 후두암에 걸린 친구에게 수술을 받기 전에 안수기도를 해 주었다. 의사가 "참 이상한데요. 후두암이 완전히 사라졌네요."라고 했다. 도로시 여성도가 교통사고로 엉덩이뼈가 부서지게 되었다. 의사는 그녀가 다시는 고통 없이 평상처럼 걷지 못할 것이라고 했다. 베네트와 교인들이 안수기도를 한 결과 그녀는 완전히 치유 받게 되었다. 자신의 딸의 목병도 기도로 고쳤다. 그에게 치유의 역사가 계속 일어났다. 그는 마가복음 16:17-18의 "믿는 자들에게는 이런 표적이 따르리니… 병든 사람에게 손을 얹은즉 나으리라"라는 말씀을 직접 경험했다.

오순절 교단의 초청을 받아 집회를 인도했다. 성령의 불의 역사, 자유 함, 기쁨의 역사가 그 집회 가운데 임했다. 그가 방언으로 기도할 때 환상 가운데 "전능자가 하늘의 보좌에서 땅과 하늘의 무수한 무리들에 둘려 싸여 찬양과 영광을 받는 것을 보았다"라고 고백했다. 그는 꿈속에서도 주님을 계속 찬양했다.

베네트가 부임한 후 이 작은 교회는 10년이 지난 후 5부 예배를 드렸다. 2,000명이 넘는 교인으로 성장했다. 방언, 방언 통역, 치유, 예언, 기적 등 여러 가지 성령의 은사가 나타났다. 주중의 집회 동안에 다른 교회의 수많은 성도들이 참석했다. 그는 그들에게 일어난 성령의 역사의 체험을 가지고 자신이 속한 교회로 돌아가라고 강하게 권면했다.

금요저녁 집회마다 75명-200명의 틴에이저들이 경배와 찬양을 드렸다. 이것이 금요 집회의 시작이었다. 수천 명의 젊은이들이 성령세례를 체험했다. 학생운동이 시작되었다. "새로운 사람들(New Men)"이란 그룹이 결성 되고, 학생들이 예수를 전하고, 학생들로 하여금 마약에서 벗어나게 했다. "사람 낚는 어부들(Fishers of Men)"이란 그룹을 만들어서 시애틀과 타 도시의 100여 개의 학교에서 선교를 했다. 청소년을 위한 복음 운동에 큰 영향을 끼쳤다.

1960년 8월 15일자 『타임』지는 베네트 신부의 LA의 성마가교회와 시애틀의 성누가교회에 관해서 사건을 53-55페이지에(3장에) 상세히 보도했다. 하루아침에 전 세계가 알게 되었다.

은사(카리스마) 운동과 교회 부흥이 일어났다. 교회에 치유의 역사가 크게 나타났다. 많은 병자들이 치유를 받았다. 출혈병, 신장 결석, 맹장, 횡경막, 후두암, 유방암, 관절염 등이 치료되는 많은 치유의 역사가 일어났다. 예수 그리스도의 이름으로 귀신을 쫓아냈다. 표적과 기사가 따랐다.

성령 세례를 통해 많은 사람들이 믿음을 회복하게 되었다. 기도의 힘으로 기후가 좋아지는 현상도 나타났다. 신부(목사)와 교인들은 예수님께서 말씀하신 "나를 믿는 자는 내가 하는 일을 그도 할 것이요 또한 그보다 큰 일도 하리니"(요 14:12)라는 말씀을 직접 체험하게 되었다.

베네트는 감리교, 침례교, 퀘이커, 루터교, 개혁교단, 장로교 등 많은 다른 교단의 목회자와 평신도들을 위한 집회에 초청받았다. 그의 집회에서는 성령 안에서 자유로움과 많은 은사가 나타났다. 집회에 참석한 교회지도자들은 하나님의 임재와 권능을 체험했다. 전도에 전심함으로 교회가 부흥되고 지역사회가 개혁되기 시작했다.

은사운동을 힘입어 많은 교회들이 개척되기 시작했다. 이때부터 부흥회가 많이 열리게 되었다. 성령의 은사를 받은 유명한 분들이 부흥강사로 등장하기 시작했다. 한국에서도 60년대 후반부터 70년대에 부흥회가 많이 열리게 되었다. 은사운동을 통해서 모든 기성교단에 오순절 운동이 일어났다.

은사운동은 1960년대와 70년대에 급속히 미국 전역으로 확산되었다. 세계의 장로교, 감리교, 성공회, 루터교와 다른 많은 교단과 가톨릭

교회에서도 강하게 나타났다. 은사운동은 오순절운동의 방언의 은사에 더하여 모든 성령의 은사가 지금도 일어난다고 믿었다. 베네트 신부를 통해 성령의 은사운동이 기성교회로 넘어가게 되었다. 이것을 은사주의 운동(Charismatic Movement) 혹은 신오순절 운동(Neo-Pentecostal Movement)이라 한다.

베네트의 은사운동의 방법(패턴)은 예수님께서 4복음서에서 사용하시고 제자들이 사용하신 것과 같은 방법(패턴), 즉 "말씀선포+표적(방언, 치유, 축귀 등)을 통한 말씀 증거⇒하나님 나라 확장"과 같은 방법(패턴)이었다.

4. 김익두 목사를 통한 표적으로 말씀 증언과 한국의 부흥운동

배경

김익두 목사(1874-1950)는, 1874년 황해도 행촌 마을의 부유한 가정에서 태어나서, 어릴 때 글방에서 천자문(千字文), 명심보감(明心寶鑑), 소학(小學), 사서삼경(四書三經)의 과정까지 공부했다. 그는 남달리 영특하여, 1890년 16세 때 과거 시험을 보기 위해 서울로 갔으나, 과거 시험에 떨어졌다. 나라가 부패하여 합격자는 고관대작의 자제들로 이미 내정되어 있었기 때문이었다.

김익두의 아버지는 울화병으로 병들어 눕게 되었다. 어머니는 남편을 살리기 위해 신령님께 치성도 드리고, 점도 치고, 무당굿도 하고, 붉은 글씨의 부적도 대들보에 부쳤다. 그러나 김익두의 아버지는 숨을 거두었다.

김익두는 어머니의 권유로 장사를 시작했으나, 장터에서 알게 된 친구의 사업을 돕기 위해 보증을 섰다가, 유산으로 받은 문전옥답을 팔아 친구의 빚을 갚아야만 했다. 친구에게 사기를 당한 것이다.

김익두는 자기의 어리석음을 탓하여 술을 마시기 시작했다. 그는 술꾼이 되고, 화류계를 휩쓸었다. 그는 주색에 빠지지 않고서는 터지는 분통을 억제할 수 없었다. 결국 술값으로 그 좋은 기와집도 팔아버리고 셋방에서 살아야만 했다.

김익두는 이제 논밭과 집까지 팔아넘긴 자신에 대한 혐오감으로 몸부림 쳤다. 아버지가 그리웠다. 어머니에게 죄송스러웠다. 착한 부인에게 미안했다. 그동안 잘 못 살아왔다는 회한에 사로잡혀, 새 출발을 해야겠다는 생각이 들었다.

어느 날 김익두는 술집에서 외상술을 마시고 취해서 시장에 나갔다. 어떤 서양 아낙네(소안론 선교사의 부인)가 사람들에게 종이쪽지를 나누어 주면서 서툰 한국말로 뭐라고 지껄이고 있었다. 그 종이쪽지에 는 하나님이 어떻고, 예수 믿으면 천당에 가고 하는 허무맹랑한 소리만 잔뜩 적혀 있었다. 김익두는 저 서양 여자가 종이쪽지에 내용이 무엇이 그렇게도 중요하기에 이역만리 타국에 와서 저러고 있는가 하는 호기 심이 생겼다.

그런 일이 있은 후, 김익두의 친구 박태후(후에 장로가 됨)가 찾아와 서 "서양 사람이 우리말로 강연을 한다고 하니, 한 번 들어보러 가세, 신기하잖아."라고 했다. 김익두는 친구의 권유에 못 이겨 금산교회에 갔다. 노랑머리의 소안론 선교사는 유창한 한국말로 "우리는 모두 죄인이며, 성인군자도 완전히 죄에서 벗어날 수 없습니다. 하나님의 아들 예수가 이 땅에 오셔서 우리의 죄를 대신해서 십자가에 못 박혀 죽으시고, 3일 만에 부활하셨습니다. 그럼으로 우리도 예수를 믿으면, 영원히 살 수 있습니다."라고 했다.

김익두는 이때까지 술꾼으로, 깡패로, 기생들 치마폭에서 살았고, 아버지가 물려준 재산을 탕진했기에, 죄의 무거운 짐에 눌려 있었다. 그런데 선교사가 어떤 죄에서도 벗어날 길이 있다니, 허황하기는 하지만 꿈만 같았다. 이때까지 자기가 숭배해온 공자의 처세 도에 대한 가르침과는 너무나 달랐다.

성경을 읽고 예수를 믿게 되다

1900년 어느 봄날, 김익두는 담벼락에 기대어 따스한 햇볕을 쬐면서, 27년간 걸어 온 자신의 야심, 좌절. 방탕, 횡포 등 쓰라린 과거를 생각해보았다. 뜨거운 눈물이 흘러내렸다. 김익두는 성경책을 읽고 싶었다. 소안론 선교사에게 달려갔다. 선교사는 김익두에게 성경책을 한 권 주면서, 김익두 청년을 하나님의 큰 일꾼으로 삼아 달라고 기도했다.

김익두는 성경을 읽고 또 읽었다. 그는 예수께서 소경과 귀머거리, 앉은뱅이, 그밖에 많은 난치 병자를 고치는 장면을 읽고 놀랐다. 그는 일찍이 느껴보지 못한 기쁨을 느꼈다. 그 기쁨을 친구와 함께 나누고 싶었다. 김원봉이라는 친구를 찾아가서, "나는 망나니 생활을 몽땅 날려 보내고, 예수쟁이가 됐다네."라고 했다. 친구는 눈이 휘둥글해져서 "그래, 개가 웃게 생겼네."라고 했다.

김익두는 친구에게 함께 교회에 나가보자고 권유했다. 그들 둘은 술집에 가서 월선이와 옥화라는 두 기생에게 교회에 가보자고 했다. 옥화가 "서방님들이나 예수 믿고 천당 가서 잘 사세요. 죄 많은 술집계집이 예수를 믿다니!"라고 하고는 잔에 따른 술을 쭉 마셨다. 김익두는 "그래, 예수 그분은 세상에 계실 때 창녀와도 가까이지내셨어."라고 하자, 기생들은 깜짝 놀랐다. 그 다음 주일에, 약속한 대로 두 기생과 김익두와 김원봉 4사람은 모두 교회에 나갔다. 김익두의 두 눈에서는 눈물이 끊임없이 쏟아져 내렸다.

김익두는 예수님께서 40일간 금식 기도한 대목을 읽고, 자기도 금식 기도하기로 작정하고 깊은 산 속으로 들어갔다. 김익두는 식음을 전패하고 지난날의 죄를 회개하면서 기도했다. 셋째 날 밤에, 이상하게도 기도가 청산유수로 흘러 나왔다. 비몽사몽간에 갑자기 눈앞에 광채가 환히 비쳐왔다. 그리고 갑자기 하늘에서 "익두야, 익두야!"하고 부르는 소리가 들려왔다. 깜짝 놀라 사방을 둘러보았으나 아무도 없었다. 그는 하나님께서 함께 계심을 알았다. 두 줄기 눈물이 뺨을 적시고, 기쁨이 용솟음쳤다. 그 이후, 어머니와 아내도 함께 교회에 갔다.

복음 전도자가 되다

김익두는 성경을 100독했다. 밤을 새워가며 성경을 읽었다. 28세 때 세례를 받고, 열심히 전도했다. 친지, 친구, 만나는 사람마다 예수(그 당시 양귀신의 두목이라 알려짐) 믿으라고 전도를 했다.

김익두는 29세 때 재령교회 전도사로 초청을 받았다. 그는 자신이 술꾼이요 불량배란 것을 세상 사람이 다 아는데, 어떻게 성경을 가르칠 수 있겠느냐고 했다. 소안론 선교사는 어거스틴과 같은 대 신학자도 젊었을 때 방탕한 생활을 했고, 성 프란시스 같은 성자도 한 때는 불량배의 두목이었으나, 죄는 하나님께 회개하여 용서를 받으면 없어지는 것이라고 했다.

이에 김익두는 용기를 내어 재령교회 전도사로 부임했다. 신도 수는 4명이었다. 목회한지 1년도 되지 않아, 남자 10명, 여자 30명, 주일학교 학생 50명이 되었다. 개망나니 익두가 저렇게 훌륭한 사람이 된 것을 보니, 예수가 진짜 훌륭한 분인가 보다 하고 교회에 나오는 사람도 적지 않았다.

신천교회로부터 전도사로 초빙을 받았다. 어느 날, 김익두 전도사가 장터에서 사람들에게 전도를 했는데, 그의 과거를 잘 아는 사람이, 김익두 전도사에게 삿대질을 하면서 "웃기고 있네, 주정뱅이 난봉꾼이 하나님이 어쩌고저쩌고 하다니!"라고 했다. 김 전도사는 "옳은 말씀입니다. 저 같은 형편없는 주정뱅이 난봉꾼도 예수를 믿고 이렇게 새사람이 되었습니다."라고 했다. 김 전도사는 전도하다가, 돌에 맞아 피를 흘리고, 멱살을 잡혀 얻어맞기도 했다.

김익두 전도사는 믿음의 형제 3사람만이라도 신천교회에 보내 달라고 기도했다. 어떤 총각도, 텁석부리 청년도, 어린 애기를 업은 여인도 예수를 믿겠다고 했다. 어떤 노인이 "예수를 믿으면, 부모를 우습게 알고 제사도 지내지 않는다고 하는데 그게 정말인가?"라고 물었다. 김 전도사는 "성경은 효도를 강조하고 있습니다. 우리는 조상의 제삿날에 경건한 마음으로 영혼의 명복을 비는 추도 예배를 드립니다."라고 했다. 며칠 후 상투를 튼 3노인들이 예수를 믿게 되었다. 5년 후에 교인이 300여 명으로 늘어났다.

신학교에 입학하고 목사가 되다

김익두는 1907년 봄, 나이 34세 때 평양신학교에 입학했다. 그는 공자, 맹자에 대해서는 훤하지만, 신학에 대한 기초가 없었다. 그는 열심히 공부하여 신학교를 졸업하게 되고, 목사가 되었다.

김익두 목사는 신천교회에 부임하게 되었다. 그는 교회를 새로 짓기 위해 "하나님 저희들에게는 힘이 없습니다. 이 일을 할 수 있도록 길을 열어주옵소서!" 하고 3일간 금식 기도를 했다. 그는 마을에서 가장 큰 부자이면서 예수를 믿지 않는 구두쇠 노인을 찾아가서 교회 건축 이야기를 했다. 뜻밖에도 이 노인은 돕겠다고 하면서 "내일부터라도 공사를 시작하시오"라고 했다. 교회 건축이 완성되고, 교인들이 날로 늘어 800여명에 육박했다. 집안이 가난하여 학교에 가지 못하는 소년 소녀를 모아놓고 주일학교 반사들이 글을 가르쳤다. 이 주일학교가 명신학교가 되어 많은 인재들을 배출하게 되었다. 김익두 목사에게 성경은 신앙의 샘이요, 지혜의 보고요, 권능의 산실이었다.

김익두 목사의 치유 능력 사역으로 하나님 나라가 확장되다

김익두 목사의 말씀 선포를 듣고, 수천 명이 회개하는 통회의 눈물을 흘렸으며, 뜨거운 영적 변화를 체험했다. 그리고 많은 불치의 병에 시달리는 환자들이 고침을 받음으로써 말씀이 증언되고, 예수를 믿음으로써 하나님 나라가 화장되었다. 김익두 목사는 예수님께서 "나를 믿는 자는 내가 하는 일을 그도 할 것이요"(요 14:12)라고 하신 말씀을 철저히 믿었다.

김익두 목사는 성경에 기록된 여러 가지 신유의 은사에 대해 깊은 관심을 졌다. 그는 예수님께서 "믿는 자에게는 능치 못할 일이 없다"란 말씀을 철저히 믿었다. 어느 날 어둠이 짙어지는 저녁에, 길에서 구걸하는 앉은뱅이를 만나 "예수 이름으로 일어나라!"하고 명령했으나, 앉은뱅이는 "그게 무슨 소리유?" 하고 일어나지 않았다. 김 목사는 동전 한 푼을 던져주고는 그곳을 떠났다. 김 목사는 "성경에는 겨자씨만한 믿음이 있어도 산을 옮길 수 있다고 했는데"하고, 자신의 믿음이 아직 멀었다는 것을 통감하고 계속 기도했다.

몇 달 후, 부인의 목에 불그스레한 종기가 생겨 몹시 아프다고 했다. 약을 지어먹어도 아무런 효험이 없었다. 김목사 내외는 산으로 가서 금식기도를 했다. 사흘 째 되던 날 아침, 김목사는 "소원대로 되리라!"는 응답을 받게 되었다. 부인이 목이 감쪽같이 나았다. 신유의 은사를 주신 것을 감사했다.

평북의 함석규 목사는, 전주 오산중학교 3학년에 다니는 아들의 극심한 위장병을 고침받기 위해 김익두 목사에게 기도해 달라고 했다. 함 목사가 집에 와서 보니, 아들의 위장병은 감쪽같이 나음을 받고, 아들은 아무 일이 없었다는 듯이 식사를 하고 있음을 보게 되었다.

경기도 광주군 언주면 반포리에 사는 나영신이란 여인은 중풍으로 앉은뱅이가 되어 오랫동안 고생을 했다. 그녀의 여동생이 언니를 리어카에 실어 김 목사의 승동 교회 집회에 참석했다. 나영신은 예배도 중에 갑자기 다리가 펴져서 그 자리에서 일어나 혼자 아래층으로 내려갔다. 그녀는 집에 돌아와서, 기쁨에 넘쳐서, 친지들의 집을 찾아다니면서 자기 병을 고쳐주신 하나님을 증거 함으로써 하나님 나라가 친지들에게 확장 되도록 했다.

1919년 12월 추위가 맹위를 떨치는 어느 날, 경북 달성군 현풍 교회에서의 집회 때, 10년 전에 아래턱이 빠진 거지가 참석했다. 그는 막대기를 들고 집집마다 다니면서 구걸한다고 하여 그를 "막대기 거지"라고 불렀다. 김 목사는 막대기 거지를 위해 기도했으나 아무런 응답이 없었다. 김 목사는 금식 기도를 했다. 다음날 사람들이 막대기 거지를 김 목사의 숙소로 데리고 왔다. 턱이 올라붙어 있었다. 막대기 거지의 본명은 박수진(朴守眞)이었는데, 김 목사는 이 놀라운 은혜를 기념하여 박수은(受恩)이라고 부르게 했다.

1920년 4월 17일, 경북 경산 교회에서 집회 도중에, 김손금(32세) 부인의 중풍 병이 치유되었다. 김익두 목사의 기도를 받고 많은 사람들이 치유함을 받았다. 17년 된 혈류 병으로 끔찍이 고생하든 여인이 완치 되었다. 3년 동안 반신불수로 고생하든 장의덕이란 36세 된 여인도 치유함을 받았다. 8세의 소년 김두수 군의 오그라든 발이 펴졌다. 28세에 원인 불명의 하혈로 오랫동안 고통을 당하다가 이제 51세 된 여인도 치유함을 받았다. 김종호 씨의 아들 11세 된 경출 군도 5년 전에 눈병으로 완전히 상실한 시력을 회복하고 다시 보게 되었다. 조달선 여인(51세)의 자궁암도 완치 되었다. 열병, 중이염, 종기, 다리병신, 수전증, 앉은뱅이, 꼽추, 소경, 두통, 각기병, 암, 반신불수 등 각종 질병도 김 목사의 기도로 고침을 받았다.

김익두 목사의 집회에서 김 목사의 기도를 통해 고침을 받은 수많은 사람들은 살아계신 여호와 하나님의 권능을 체험하고, 예수님을 영접하여 하나님 나라가 확장 되었으며, 이들의 간증으로 말씀이 증언되고, 수천수만의 사람들이 김익두 목사의 집회에 참석함으로서 하나님 나라가 확장되었다.

김익두 목사의 부흥집회를 통한 하나님 나라 확산

1920년 김익두 목사는 장로교회총회에서 투표로 제9회 총회장으로 선출되었으며, 남대문교회 명예 목사가 되었다. 김 목사는 1920년 10월부터 서울 승동 교회에서 집회를 인도하게 되었다. 김 목사는 10일간 금식기도하면서 집회를 인도했다. 모인 청중은 1만 명이 넘었다. 한국 교회사에서 처음 있는 대 집회였다. 많은 신도들이 철야기도를 하면서 저마다 눈물로 죄를 통회했다. 받은 은혜에 감사하여 많은 헌금과 금품이 쏟아져 나왔다. 금비녀, 금반지, 옥가락지, 비단 옷 등 5천여 점이나 하나님께 바쳐졌다. 일본에서 개최된 만국 주일학교 반사 대회에 참석했던 영국, 미국, 캐나다 등 여러 나라의 회원들 수십 명이 김 목사가 인도하는 집회에 참석하여 큰 은혜를 받고, 귀국하여 한국에 제2오순절의 성령이 내렸다고 보도하기도 했다.

승동 교회에서의 부흥회를 마치자 대구 남성교회에서 1920년 12월 1일부터 10일까지 부흥 집회를 하게 되었다. 김 목사는 금식을 계속하면서 초인간적인 능력으로 집회를 계속 인도했다. 신도들은 눈물로 회개하는 역사가 일어나고, 불치의 병자들이 치유함을 받고, 건강을 되찾게 되었다.

김익두 목사가 집회를 한 곳은, 경기도, 황해도, 강원도, 경남, 경북, 충남, 충북, 전남, 전북, 평남, 평북, 함남, 함북, 그 밖에 집회를 합치면 776개 처에서 집회를 가졌다. 그의 전체 설교 회수는 2만 8천회에, 연 집회 인원수는 150만 명에 이르고, 새신자의 수는 28만 8천여 명이며, 새 교회 건축 수는 140여 교회이며, 유치원 신설 수는 120여 곳이며, 병이 치유된 자는 10만 여명이며, 그의 설교를 듣고 목사가 된 사람은 9명이었다. 김익두 목사의 집회마다 초만원을 이루었다. 교회 마당에도 자리를 펴고 앉고도 모자라 길가에 서서 설교를 들으려고 했다. 김익두 목사의 권능의 치유 사역을 통하여 말씀이 증언되고, 하나님 나라가 확장 되었다.

김익두 목사는 전국 13도 뿐만 아니라, 만주와 일본에서도 여러 차례 부흥회를 인도함으로서, 그의 선교는 해외로 뻗어 나갔다. 김익두 목사가 단에 서는 곳마다 성령의 놀라운 역사가 일어나서, 수많은 사람들이 회개하고, 기뻐 춤을 추고, 난치 병자들이 깨끗이 낫고, 불신자들이 예수님을 영접하고, 교회들이 새로 세워짐으로서 하나님 나라가 확장되었다. 그야말로 오순절 성령의 역사를 연상케 하는 부흥의 불길이 활활 타오르게 된 것이다.

김익두 목사의 선교도, 예수님께서 하신 것처럼, 말씀선포와 치유를 통한 표적으로 말씀 증언함으로써 하나님 나라가 확장되었다.

일제의 신사참배 강요와 공산주의자에게 순교 당함

일본은 1935년부터 한국 교회에 자기네들의 신사참배를 강요하기 시작했다. 수많은 목회자들과 교인들이 수난을 당하게 되었다. 형사들이 찾아와서 김익두 목사에게도 신사참배를 강요했다.

김익두 목사가 신사 참배를 거부하자, 형사들은 "이 양반, 예수에게 미쳐도 단단히 미쳤군!"라고 했다. 김 목사는 형사들에게 목검으로 구타를 당했으며, 고춧가루를 물에 타서 콧구멍에 부어 넣는 물고문을 당했으며, 손톱 밑으로 대나무 못을 들이박는 고문을 당했다. 일본 경찰은 의식을 잃은 김 목사를 집으로 데려가게 하고는, 김 목사에게 함구령을 내리고, 목사직을 박탈했다. 총회가 신사참배하기로 가결하자, 형사들은 김 목사를 강제로 신사 앞에 끌고 가서, 마치 김 목사가 신사참배를 한 것처럼 소문을 퍼뜨렸다.

일제의 마수에서 해방이 되었다. 김일성을 중심한 공사주의자들이 6.25 때 남침했다. 김 목사는 양떼를 버리고 북한 땅을 떠날 수 없다고 했다. 1948년 봄, 민청(民青) 회원 몇 사람이 김 목사에게 김일성의 사진을 가지고 와서 교회에 걸라고 했다. 김 목사는 그들에게 호통을 쳐서 돌려보냈다.

6.25 때, 유엔군이 북진을 감행하자, 인민군들은 후퇴하면서 교회를 모두 불태워 버리고, 교역자들과 고인들을 무더기로 학살했다. 1950년 10월 14일 새벽 4시에 김 목사는 종탑 기둥을 잡고 잠시 기도하고는 새벽기도를 알리는 종을 30여 분간 힘껏 쳤다. 50여명의 교인들이 새벽 예배에 참석하여 기쁨과 감사에 넘쳐 기도회를 시작했다. 뒷산에 잠복해 있던 북한 군 1개 분대가 교회 안으로 들이 닥쳤다. 북한 군 지휘자인 듯한 자가 교인 한 사람을 사살하고, 김 목사를 향해 "영감이 목사요? 반동이군!"라고 하고는 총을 여러 번 "탕 탕" 쏘았다. 김 목사는 교회 바닥에 스러졌다. 동족에게 순교를 당한 것이다. (김익두 목사에 관한 내용은 [최현 지음, 『김익두』, 2000]을 참고했음)

5. 결론: 교회사의 부흥운동의 방법(모형)
"말씀+표적⇒하나님 나라 확장"

교회사에서 영국의 존 웨슬리의 부흥운동에서, 미국의 제2대각성운동의 케인 릿지 부흥운동과 찰즈 피니의 부흥운동에서, 제2성령의 물결의 데니스 베네트의 카리스마 운동에서, 그리고 김익두 목사의 표적을 통한 하나님 나라 확장에서, 예수님께서 사용하신 "말씀+표적⇒하나님 나라 확장"의 방법을 사용하고 있음을 보았다.

미국 "제1 대각성운동"의 중심 인물은 조나단 에드워즈(Jonathan Edwards, 1703-1758)였다. 대각성운동의 불길은 미국 뉴잉글랜드(미국 동북 6개주)에서부터 동부에 있는 13개주를 휩쓸었다. 에드워즈의 설교는 믿음으로 의롭다 칭함을 받는다(롬 3:22)는 이신칭의(以信稱義)를 주제로 한 시리즈 설교이면서, 바른 교리의 부활, 깊은 죄의식, 즉각적인 회개, 극적으로 변화되는 삶, 복음주의적 전도 등을 강조했다. 열정적인 말씀이 선포될 때마다 성령의 놀라운 역사가 나타났다.

제1대각성운동에는 성령의 강한 역사가 나타났는데, 그것은 무아지경(입신 trance), 울부짖음, 춤추기, 거룩한 웃음, 감탄, 기쁨, 환상, 음성, 치유, 회심 등으로 충만했다. 에드워즈는 성령 역사의 외적 현상(manifestation)에 대해 비판함으로써 성령을 소멸하는 죄를 범하지 말도록 경고하는 동시에 또한 그는 과도하게 육체로 이끌림을 받아 사단에게 기만당하지 않도록 주의해야 한다고 했다.

에드워즈 목사와 휫필드 목사를 중심으로 확산되는 제1대각성운동은 두 가지 면이 두드러졌다. 하나는 성경을 중심한 말씀선포이고, 다른 하나는 성령의 권능으로 나타나는 여러 가지 표적으로 말씀이 증언되는 것이었다. 그 결과 많은 사람들이 예수님을 구세주로 받아드림으로서 하나님 나라가 확장되었다.

제1성령의 물결의 오순절 운동은 20세기 초반에 미국에서 시작하여 전 세계로 번져갔다. 오순절 운동의 특징은 강한 성령사역으로서 기적이 두드러지게 나타났는데, 방언을 성령세례의 징표로 보았다. [피터 와거나 박사는 『성령의 제3의 물결』에서 20세기의 제1이성령의 물결은 오순절 운동으로, 제2의 성령의 물결은 카리스마 운동으로, 제3의 성령의 물결은 오순절 운동과 카리스마 운동을 합친 것이라고 했다.]

제1성령의 물결은 흑인이며 애꾸인 윌리엄 시이무어(William Seymour, 1870-1922) 목사가 중심인물이었다. 시이무어는 LA의 노스 보니 브레아가 214 번지의 가정집에서 기도회를 시작했다. 여러 달 동안의 합심 기도 후에 1906년 4월 9일 하나님의 성령이 강하게 임재하신 것은 바로 이 집에서였다.

시이무어가 사도행전 2장의 내용을 설교했다. 사람들은 갑자기 방언을 하기 시작했으며, 쓰러져 주저앉자 방언을 했다. 참석한 모든 사람들이 성령의 강한 역사에 마치 번개를 맞은 듯이 의자에서 마룻바닥으로 쓰러졌다. 방언으로 하나님을 송축하는 소리가 너무나 크고 열렬해서 건물밖에 사람들이 모여 "도대체 이런 현상은 무엇을 의미하는가?" 하고 의아하게 생각했다. 곧 이 소문은 온 LA에 퍼졌으며,

소문을 듣고 참석한 백인들과 흑인들 모든 부류의 사람들이 성령 충만함을 체험했다.

사람들은 3주야를 울부짖었다. 부활절이었다. 사람들이 도처에서 몰려들었다. 사람들이 집회 장소에 들어서자 성령의 권능아래 쓰러졌다. 온 도시가 소동했다. 너무나 많은 사람들이 울부짖는 무게에 집 마룻바닥이 내려앉았다.

시이무어 일행은 아주사 거리(Azusa Street) 312번지의 버려진 낡은 건물을 구입하여 집회 장소로 개조했다. 여기서 성령의 강한 기름부음이 계속 일어났다. 모든 사람들이 아주사 거리로 들어오자 부흥의 권능을 느끼게 되었다.

아주사 거리 오순절 부흥운동 창시자들은 말씀을 중심하여, 존 웨슬리의 성화 사상과 그리스도인의 온전함을 강조하는 신성운동의 영향으로 5개 항목의 신조를 발표했는데, 이신칭의(Justification by faith), 성화, 방언을 수반하는 성령세례, 거룩한 치유, 성도들의 전천년 휴거 등이었다.

이렇게 해서 탄생된 오순절 부흥운동의 결과 1914년에 하나님의 성회 교단이 생겨나게 되었다. 제1성령의 물결은 오순절 운동의 이름으로 미국, 캐나다, 남미, 유럽, 아시아, 아프리카 등 전 세계로 번져나갔으며, 오순절 운동은 1966년에 로마 가톨릭 교회에서도 강하게 나타났다. 오순절 운동은 1970년대에 카리스마 운동으로 나타나게 되는데, 이것을 "아주사 거리 부흥운동"이라고 한다. "아주사 거리 부흥운동"은 말씀사역을 중심으로 하면서, 방언과 여러 가지 성령의 표적으로 말씀을 증언함으로서 하나님 나라가 확장 되었다.

제3성령의 물결의 존 윔버 목사는 4복음서를 깊이 읽고 연구한 결과 마태복음 4:23-25, 누가복음 4:18-19, 마가복음 16:15-20 등의 말씀을 인용하면서 예수님께서 이 땅에서 하나님 나라 선교를 위해 먼저 말씀선포를 하시고(Proclamation), 표적과 기사로 말씀을 증언하심(Demonstration)으로, 그 결과 능력 전도(Power Evangelism)가 이루어진다는 진리를 깨닫게 되었다. 윔버는 1985년에 『능력 전도』(Power Evangelism)라는 책을 출판함으로써, 세계 교회가 능력 전도의 방법(모형)에 관심을 갖게 했다. 윔버는 성령의 제3의 물결에서 나타나는 외적인 현상, 즉 성령의 은사를 통한 표적과 기사는 말씀을 증언하기 위한 것이라고 함으로써, 구원은 말씀에 있음을 강조했다.

존 윔버 박사는 1981년 풀러 신학대학교에서 MC510(기적과 교회 성장 The Miraculous and Church Growth)을 피터 와그너 박사의 협조를 얻어 강의했다. 4년간 4만 여명의 목사들이 윔버 박사의 강의를 들었다. 1984년, 풀러 신학대학교에서의 윔버 박사의 교회성장 강의는 LA를 넘어 전 세계의 화제가 되었다.

윔버는 세계2차 대전 이후, 미국의 베이비부머(Baby boomer)때 태어난 무신론적 사상에 젖은 젊은 세대를 위한 능력전도에 관심을 기우렸다. 윔버는 이들 젊은이들을 전도하기엔 옛 교회 전통보다, 그들에게 맞는 새로운 교회전통이 필요하다고 생각했다. 오늘 우리의 언어로, 오늘 우리의 노래로, 오늘 우리 시대의 사랑으로, 오늘 우리의 자유로, 오늘 우리의 악기로, 오늘 우리의 옷을 입고 예배를 드리자는 것이었다. 유사 이래로 복음은 절대 불변이지만, 문화가 변화함에 따라 복음을 전달하는 옷은 달라질 수 있다는 것이다. 그래서 태어난 것이 빈야드 교회의 예배 모습인데, 이것이 열린 예배이다. 윔버의 열린 예배의 핵심은 찬양, 말씀, 성력의 표적을 통한 말씀 증언, 회개, 기도, 구제, 선교 등을 통한 하나님 나라 확장이었다.

제3성령의 물결의 존 아노트(John Arnott) 목사의 "토론토 블레싱"에서도 하나님 나라 확장을 위해 "말씀선포+표적을 통한 말씀 증언⇒하나님 나라 확장"의 방법(모형)이 적용되었다. 1994년 1월 20일, 캐나다 토론토 국제공항 근처의 작은 창고 같은 에어포트 빈야드 교회에서, 아노트 목사는 렌디 클라크(Randy Clark) 목사를 초청하여 4일 동안의 부흥회를 가졌다.

이 집회 동안에 많은 사람들이 성령의 권능에 압도되어 쓰러지고, "거룩한 웃음"을 웃게 되고, 진동하고, 방언하고, 치유 받고, 울부짖는 등 여러 가지 표적을 통해 말씀이 증거 됨으로써 하나님 나라가 확장되었다. 이 집회에서 많은 사람들이 변화된 삶, 치유, 인간관계의 회복, 하나님에 대한 확실한 믿음을 갖게 되었다. 4일간 예정된 이 집회는 몇 달 동안 계속되었으며, 그 이후 여러 해 동안 계속되었으며(지금까지도), 미국과 온 세계 교회에 영향을 끼쳤다.

토론토 집회는 세계적인 관심으로 첫 집회 때 20만 명이 참가했으며, 10,000여 명은 성직자들이었다. "토론토 블레싱(축복)"의 성령운동은 유럽, 미주, 남미, 아시아, 아프리카, 한국과 세계의 다른 지역으로 확산되어갔다. 가톨릭교회에도 영향을 미쳤다. 토론토 방문객들 중 약 40%가 영국 교회 지도자들이었다. 침체의 늪에 빠졌던 영국 교회가 새 술에 취해 다시 소생하기 시작했다. 42,000 영국 교회 중 12,000 교회가 그 영향으로 부흥을 경험했다.

그러나 CRI(캘리포니아 기독교 연구소)의 사교(cult)문제 전문가인 행크 헤네그라프(Hank Hanegraaff) 박사는 토론토 축복의 일은 비성경적이라고 경고하기도 했다. 행크 박사는 "토론토 블레싱"의 현상은 주정주의(emotionalism) 경향으로 흐른다고 비판했다. 한국의 많은 교단들도 "토론토 블레싱"의 갱생운동을 거부했다. 존 아노트 목사는 "나는 우리가 인도하는 집회에서 나타나는 현상(mani-festation)에 중점을 두고 싶지 않다. 오히려 우리의 집회는 말씀과 성령의 역사하심에 중점을 두기를 바라고 있다."라고 했으며, 신자들이 하나님과의 보다 깊은 관계를 갖는 말씀사역보다 체험만을 찾는다면, 이런 갱생운동은 머지않아 없어질 것이라고 했다.

제3성령의 물결 중에 하나인 미국 플로리다 주의 펜사콜라의 브라운스빌(Brownsville)교회는 성령의 폭발을 통한 하나님 나라가 확장되었다. 브라운스빌교회의 존 킬페트릭(John Kilpatrick) 목사는 교회 부흥을 위해 2년 동안 전 교회적으로 기도하고, 스티브 힐(Steve Hill, 텍사스 하나님의 성회) 목사를 초청하여 부흥집회를 가졌다. 1995년 '아버지날'(6월 셋째 주일), 스티브 목사와 킬페트릭 목사는 강단 앞으로 나온 1,000여명의 사람들에게 안수기도를 하고 있었다. 갑자기 킬페트릭 목사의 두 다리를 통해 급하고 강한 바람이 불어와서, 발목이 꺾여서, 서 있을 수가 없었다. 그는 사도행전 2:2-3에서의 "홀연히 하늘로부터 급하고 강한 바람 같은 소리가 있어 저희 앉은

온 집에 가득하며"를 생각했다.

안수기도 받는 교인이 성령의 권능 아래 쓰러졌다. 그 때 스티브 목사가 손으로 킬페트릭 목사를 가리키면서 "주님 더욱 주시옵소서!"라고 하자, 킬페트릭 목사는 그대로 나가떨어져서 강단 위에서 오후 12시 30분부터 4:00시까지 일어나지 못했다.

그 이후부터 성령의 권능으로 여러 가지 현상(manifestation)이 나타났는데, 비몽사몽간(trance), 내적치유, 질병 치유, 진동, 거룩한 웃음 등의 현상이었다. 죄에 대한 통곡과 회개, 구원에 대한 감사와 찬송이 일어났으며, 변화되고 새로워짐을 체험했다. 모두가 성령의 새 술에 취했다. 온 세계로 활활 타오르고 있는 이 불길을 인간의 힘으로 막지 못했다.

매일 밤 예배에 2,300여명이 참석했다. 그 중에 300명-800명은 젊은 사람들이었다. 구원받기 위해 강단 앞으로 달려 나왔다. 사업가들과 수많은 장사꾼들이 나왔다. 거리의 마약 중독자들은 마약 봉지들을 내놓고 나왔다. 살인자들은 그들의 총기류를 강단에 올려놓고 나왔다. 어린이 치한(癡漢)들은 회개를 하고 나왔으며, 포르노 제작자들은 필름을 모두 태워버리고 나왔다. 다메섹 도상의 바울처럼, 죄인들, 불가지론자들, 하나님을 증오하던 자들이, 하나님의 권능으로 문자 그대로 일어서서, "제가 구원을 받기 위해 어떻게 해야 합니까?"라고 외쳤다. 그들은 구원받기 위해 어린아이들과 같았다. 이것은 불의 축제(Feast of Fire)였다. 세계에서 400만 명이 다녀가고, 30만 명이 예수님을 영접했다. 불의 축제 부흥을 "펜사콜라 성령 폭발"이라고 했다. "토론토 블레씽"의 영향을 받은 것이었다.

5. 결론: 교회사의 부흥운동의 방법:
"말씀+표적⇒하나님 나라 확장"_207

브라운스빌 교회의 성령의 불꽃 운동을 통한 하나님 나라 확장의 방법(모형)도 "말씀선포+성령의 역사를 통한 말씀 증거⇒하나님 나라 확장"이었다.

결론
말씀, 표적, 그리고 사랑

4복음서에서 예수님은 이 땅에 하나님 나라 확장 방법(모형)으로 천국 복음을 가르치시고 천국 복음을 전파하시면서, 백성 중의 모든 병과 모든 약한 것을 고치시는 표적으로써 말씀을 증언하심으로써, 하나님 나라를 확장하셨다. 예수님은 중풍병자의 치유로, 맹인 바디매오의 치유로, 가나안 여자의 귀신들린 딸에게서 귀신을 쫓아냄으로, 가나의 혼인 잔치에서 물을 포두주로 만듦으로, 나사로를 살리심으로 등 표적으로 말씀을 증언하심으로써, 이 땅에 하나님 나라를 확장하셨다.

예수님은, 마가복음 16:15-20에서, 부활하신 후 승천하시기전에 제자들에게 주신 위탁을 말씀에서도 "말씀+표적⇒하나님 나라 확장"의 방법(패턴)의 내용으로 말씀하셨다. 예수님은 제자들에게 온 천하에 다니며 만민에게 복음을 전파하라고 하시고, 믿는 자들에게는 여러가지 표적을 통해서 말씀을 증언하게 될 것이라고 하셨다. 예수님께서 승천하신 후, 제자들이 나가 두루 말씀을 전파할 때 주의 성령의 역사하심을 통해 그 따르는 표적으로 말씀을 확실히 증언함으로써, 이 땅에 하나님 나라가 확장되었다.

사도행전에서 제자들은 예수님께서 위탁하신 말씀에 따라 "말씀+표적⇒하나님 나라 확장"의 방법(모형)으로 이 땅에 하나님 나라를 확장하였다. 오순절에 성령의 임재하심으로써, 제자들은 권능을 받고 예루살렘과 온 유대와 사마리아와 땅 끝까지 이르러 그리스도의 증인이 되었다. 제자들은 하나님 나라의 말씀을 선포하면서, 표적(예수의 부활 사건과 치유사역과 축귀 사역과 죽은 자를 살리는 표적)으로 말씀을 증언함으로서, 이 땅에 하나님 나라를 확장하였다.

교회사에서 제1대각성운동과 제2대각성운동과 피터 와거너 박사가 말하는 제 1, 2, 3 성령의 물결 운동에서도 예수님께서 사용하시고, 제자들이 사용한 "말씀선포+표적을 통한 말씀 증언⇒하나님 나라 확장"의 방법(모형)을 성령의 권능으로 사용하게 함으로써 이 땅에 하나님 나라를 확장하였다(교회 성장을 이루었다).

사도행전 2:42-47의 사도들의 행전처럼

사도행전 2:42-47에 보면, 사도들의 행적을 요약하고 있다. 베드로는 설교하기를 "회개하여 각각 예수 그리스도의 이름으로 세례를 받고 죄 사함을 받아라. 그리하면 성령의 선물을 받으리니"(행 2:38)라고 하고 있다. 이 약속의 말씀을 들은 사람들이 세례를 받고 믿는 자가 3천 명이나 되었다. 사람들은 사도들의 가르침에 몰두하며, 서로 교제하고, 함께 음식을 먹으며, 오로지 기도에 힘썼다. 성령이 역사하심으로 사도들을 통하여 기이한 일과 표적이 많이 일어남으로(행 2:43), 사도들의 말씀이 증언되고, 하나님 나라가 확장 되었다.

믿는 사람들은 모두 함께 지내면서, 모든 것을 공동으로 소유하고, 재산과 소유물을 팔아서, 모든 사람에게 필요한 대로 나누어 가졌다.

그리고 날마다 한 마음으로 성전에 열심히 모이고, 집마다 떡을 떼면서, 순수한 마음으로 기쁘게 음식을 먹고, 하나님을 찬양함으로써 그 당시 사람들의 삶에 하나님 나라가 이루어진 것이다. 그래서 그들은 모든 사람에게서 호감을 사게 되고, 하나님께서는 구원받는 사람을 날마다 더하여 주셨다. 하나님 나라가 확장된 것이다.

위의 사도들의 행적에서 보는 것처럼, 오늘을 사는 우리도 무엇보다 말씀 선포를 사명으로 알며, 성령의 역사하심으로 표적과 기사로 말씀을 증언함으로서, 날마다 구원받는 사람들이 더하여져서, 이 땅에 하나님 나라를 확장(교회 성장)하게 되기를 바라는 마음 간절하다. 그리고 믿는 사람들이 함께 음식을 나누며, 함께 하나님을 찬양함으로써, 모든 사람들에게서 호감을 사게 되어, 구원받는 사람들이 날마다 더하여 지기를 바라는 마음 간절하다.

고린도전서 1:7에서 바울은 "너희가 모든 은사에 부족함이 없이 우리 주 예수 그리스도의 나타나심을 기다림이라"고 한 말씀처럼, 우리도 하나님의 말씀을 선포하고, 성령의 역사하심으로 모든 은사에 부족함이 없이 능력사역으로 예수 그리스도의 말씀이 증언되고, 그래서 하나님 나라가 한국과 세계에 매일 매일 확장되기를 바라는 마음 간절하다.

사도행전 4:29-30에 보면, 초대 교회 사람들은 어떤 어려움과 박해가 있더라도 극복하고, 주님의 종들이 두려움 없이 담대하게 하나님의 말씀을 전할 수 있도록 강한 용기를 달라고 기도했다. 그리고 그들은 주님께서 능력의 손을 뻗치어 병을 낫게 해주시고, 주님의 거룩한 종 예수의 이름으로 표적과 기적이 일어나게 함으로서 하나님 나라가 확장되게 해달라고 기도했다.

치유하는 권능과 표적과 기적은 그들이 전하는 메시지, 즉 하나님의 아들이신 예수의 오심과, 죽으심과, 부활하심과, 승천하셔서 하나님의 우편에 계심과, 오늘날 우리 가운데 역사하고 계신다는 것을 증언한다는 것이다. 표적과 기적은 그들의 메시지를 증언하는 하나님의 권능이란 것이다. 이 권능은 예수 그리스도의 이름으로 이루어지며, 예수 그리스도의 영광만을 위한 것이다.

사도행전 4:31에서 초대 교회 사람들이 기도한 결과, 3가지 현상이 나타났다. 첫째, 그들이 모여 있는 곳이 흔들렸다. 이 흔들림은 기적이다. 그들이 기도한 대로 하나님께서 이 우주를 지배하고 계신다는 표적인 것이다. 둘째, 그들은 모두가 성령으로 충만했다. 그들은 바로 특별히 나타나는 현상이 필요했는데, 성령을 충만하게 체험한 것이다. 셋째, 그들이 기도로 받기를 원했던 담대함을 받아, 하나님의 말씀을 용기와 담대함으로 전하는 강한 증인이 된 것이다.

위의 3가지는 초대교회 사람들처럼, 오늘을 사는 우리도 표적과 기적을 보고, 성령을 체험하고, 하나님의 말씀을 담대하게 전하는 증인이 되어야 함을 말씀하고 있다.

마가복음 16:20에서 "제자들이 나가 두루 전파할새 주께서 함께 역사하사 그 따르는 표적으로 말씀을 확실히 증언하시니라"고 했다.

이 책을 읽으며 혹시라도 말씀이 증거 되는 곳에 반드시 표적이 따라야 한다고 오해해서는 안 될 것이다.

예수님께서는 악하고 음란한 세대가 표적을 구한다고 말씀하셨다(마 16:4).바리새인들과 사두개인들이 다가와서, 예수님을 시험하여 트집을 잡기 위해, 하늘로부터 오는 표적을 보여 달라고 했다. 표적을 구하는 그들에게 예수님은 하늘을 보고 일기는 구별하면서 "시대의 표적은 분별할 수 없느냐"라고 질책하시면서, "악하고 음란한 세대가 표적을 구하나 요나의 표적 밖에는 보여 줄 표적이 없느니라"(마 16:4)고 하셨다.

예수님은 요나가 큰 물고기(고래) 배 속에서 3일 밤낮을 지낸 사건은 예수님께서 무덤 속에서 3일을 보낸 것에 대한 예표라고 말씀하신 것이다. "요나의 표적"은 장차 예수님께서 인류의 죄를 대속하시기 위하여 십자가에 죽으시고 3일 만에 부활하심으로써 모든 믿는 자의 구원을 완성하실 것에 대한 '구원의 완성'의 표적으로 제시하신 것이다(마 12:39-40). 부활은 예수님께서 세상의 구세주이신 메시아이시라는 위대한 증거인 것이다.

예수님은 그리스도를 받아들이지 않는 그들 바리새인들과 사두개인들을 향하여 "악하고 음란한 세대"(마 12:39)라고 말씀하셨다. 유대인들이 예수님으로부터 "하늘로부터 오는 표적"을 보여 달라고 요구하는 것은 전적으로 정당화 될 수 없는 것이었다. 예수님은 수많은 표적과 기적과 역사를 보여 왔음으로 사람이 확고한 믿음을 갖기에 충분하기 때문이었다. 그러기에 십자가에 달리신 예수님을 향하여 서있던 백부장은 "이 사람은 진실로 하나님의 아들이었도다"(막 15:39)라고 고백했다.

바리새인들과 사두개인들의 문제는, 그들은 하나님을 믿지도 않고, 믿기를 원하지도 않은 완고한 불신앙뿐 아니라, 그들은 하나님이 원하시는 것은 표적과 업적이 아니라, 사랑과 믿음임을 이해하지도 못하고 있다는 것이다. 하나님은 사람이 하나님의 아들이신 예수 그리스도를 믿고 사랑하기를 원하신다. 예수님께서 바리새인들과 사두개인들을 "악하고 음란한 세대"라고 하신 것은, 그들이 하나님께서 보내신 메시아를 바라는 것이 아니라, 표적과 업적으로 자신을 과시하는 거짓된 신(神)들을 추구하는 배교자로서 영적 매춘 행위를 하는 자들이기 때문이다.

바울 사도는, 고린도전서 12:29-13:2에서, 능력을 행하고 병을 고치며 방언을 하는 것보다 더 크고 좋은 은사는 사랑이라고 다음과 같이 가르치고 있다.

29 다 사도이겠느냐 다 선지자이겠느냐 다 교사이겠느냐 다 능력을 행하는 자이겠느냐 30 다 병 고치는 은사를 가진 자이겠느냐 다 방언을 말하는 자이겠느냐 다 통역하는 자이겠느냐 31 너희는 더욱 큰 은사를 사모하라 내가 또한 가장 좋은 길을 너희에게 보이리라 13:1 내가 사람의 방언과 천사의 말을 할지라도 사랑이 없으면 소리 나는 구리와 울리는 꽹과리가 되고 2 내가 예언하는 능력이 있어 모든 비밀과 모든 지식을 알고 또 산을 옮길 만한 모든 믿음이 있을지라도 사랑이 없으면 내가 아무 것도 아니요